FAMILLES CRÉATIVES

MORGANE FOSSE

AKA @onjoueaquoimaman

Créapassions

INTRODUCTION

Bonjour, ou plutôt « Jourbon » pour celles et ceux qui me suivent sur mon compte Instagram @onjoueaquoimaman !

Je suis Morgane, entrepreneuse créative de 31 ans, passionnée par les activités pour enfants réalisées à partir de carton et d'objets du quotidien – et affectionnant indéniablement la couleur verte, comme vous le découvrirez au fil de ces pages.

Après une licence en management et quelques années en tant que manager dans la grande distribution, je me suis consacrée à plein temps à mes jumeaux pendant mon congé parental. J'ai mis à profit ce temps pour faire découvrir les activités manuelles à mes garçons.

Pourquoi ce livre ?
À travers sa réalisation, j'ai voulu non seulement transmettre ma passion pour les activités créatives, mais aussi partager avec vous le fait qu'il est possible d'aborder toutes les envies de vos enfants avec ce dont vous disposez dans vos placards,

des matériaux de récupération ou à moindre coût. Cet ouvrage est pensé de manière à vous faire passer du temps de qualité en famille et à vous créer de jolis souvenirs.

« Imaginer - Se concentrer - Apprendre - S'amuser » : chacune des activités amènera votre enfant à aborder l'un de ces quatre axes. Je les ai réparties ainsi afin de vous permettre d'orienter vos créations en fonction d'activités ciblées. Cependant, à travers chaque activité, vous aborderez les quatre axes. Par exemple, si vous réalisez un petit monde, en jouant, l'enfant pourra imaginer des histoires, tout en développant du vocabulaire, donc, inconsciemment, il apprendra tout en s'amusant.

Le livre que je vous propose vous permettra aussi de vous mettre au défi et de vous faire confiance pour réaliser tous vos projets créatifs.

Vous trouverez pour chaque activité des pas à pas volontairement très détaillés pour permettre par ailleurs aux enfants un peu plus âgés d'entreprendre chaque activité en totale autonomie.

Les activités de ce livre sont également modulables à l'infini au gré des envies de vos enfants. C'est le cas du Petit monde du désert (p. 28). Il propose de fabriquer un décor d'oasis, mais avec un peu de maîtrise, vous pourrez tout aussi bien créer un décor de banquise, une jungle ou même une ferme. Ou encore du Serpent (p. 96), qui pourra devenir une coccinelle ou encore une vache.

Vous l'aurez compris, avec peu de choses, on peut répondre à toutes les passions des enfants !

Je vous souhaite à toutes et tous d'agréables moments créatifs en famille !

Morgane

SOMMAIRE

On joue à quoi
maman ?
VANS OFF THE WALL

La Pajarita
Paint
La Pajarita
Paint

Chapitre 1

Les bases pour bien commencer

FAVORISER UNE ATMOSPHÈRE AGRÉABLE ET UN BON ÉTAT D'ESPRIT

Les activités manuelles consistent à réaliser un objet à l'aide de ses mains.

Elles font appel à la créativité. C'est avant tout un loisir, un moment pour laisser libre cours à son imagination et une façon d'apprécier le « faire soi-même » en en tirant une grande satisfaction et une fierté.

Elles permettent d'occuper l'esprit, de vivre dans l'instant présent, et aident à développer les capacités cognitives, la concentration ainsi que la coordination entre la vision et les gestes de l'adulte comme de l'enfant.

C'est aussi une belle occasion de se retrouver en famille, de partager du temps de qualité et de mettre en commun les aptitudes créatives de chacun.

Il est important de mettre toutes les chances de son côté pour profiter pleinement de ce moment en favorisant une atmosphère paisible et propice à la créativité.

Pour réaliser une activité en famille, choisissez un moment de la journée où tout le monde est disponible à 100 % afin que la concentration soit optimale.

Avant de vous lancer dans un projet créatif avec votre enfant, il est important de prendre en compte son état d'esprit :

- si vous sentez votre enfant apaisé et à l'écoute, vous pouvez aborder une activité plus longue en termes de temps ou plus complexe qui sollicitera toute son attention ;
- si votre enfant n'est pas disposé émotionnellement, dans ce cas, vous pouvez tout à fait envisager de lui proposer une activité sensorielle qui lui permettra de retrouver sa quiétude ;
- votre enfant peut aussi ne pas avoir envie de créer. Vous pouvez alors lui proposer de fabriquer pour lui un petit monde sur la thématique qui lui fait plaisir ou qui le passionne par exemple, pour qu'il puisse faire parler son imagination en jouant.

Lorsque vous vous lancez seul(e) dans une création pour votre enfant, profitez de ce moment pour libérer votre esprit et vous recentrer uniquement sur le bénéfice mental et la satisfaction que vous tirerez du « faire soi-même pour son enfant ». Vous savourerez davantage ce moment créatif.

TROUVER LE BON SUJET

Vous pouvez allier le côté ludique à une notion scolaire, choisir un axe ludo-pédagogique. Par exemple, si votre enfant est en train d'apprendre les chiffres, vous pouvez créer une activité dans ce sens. L'idée ici est de « donner vie » à de nouvelles notions apprises à l'école en s'amusant.

Ou alors, ciblez un centre d'intérêt particulier. Dès le plus jeune âge, les enfants commencent à avoir des centres d'intérêt : chevalier, princesse, fée, astronomie, etc. Mes garçons sont passionnés de voitures, d'insectes, de dinosaures, d'animaux marins et d'animaux de manière générale. Je choisis donc régulièrement de rythmer nos activités créatives en suivant leurs centres d'intérêt du moment pour avoir toutes les chances de capter leur attention.

ÊTRE BIEN INSTALLÉ

Avant de commencer une activité, il est primordial de s'installer sur un plan de travail dégagé.

Cet endroit peut être un établi, un bureau ou la table de la salle à manger, peu importe. L'essentiel est d'avoir assez d'espace pour créer, avec un champ visuel libéré et suffisamment de place pour pouvoir poser le matériel nécessaire à votre création.

Pour les activités avec de la peinture, vous pouvez protéger votre surface soit avec une nappe lavable (type toile cirée), soit avec des cartons. Une fois votre surface protégée, votre enfant pourra créer sereinement, en oubliant qu'il ne doit pas en mettre partout.

Il en va de même pour la tenue : vous n'êtes pas dans l'obligation de porter une blouse spéciale peinture. Recyclez simplement d'anciens tee-shirts, ils resserviront à chaque activité que vous ferez.

En préparant votre espace de travail et en le protégeant, ainsi que vos vêtements, fini le stress éventuel de salir, aussi bien pour vous que pour votre enfant. Sans parler du fait que vous réduisez votre temps de nettoyage après l'activité.

Pour les activités qui requièrent des découpes au cutter, je vous conseille de protéger votre plan de travail soit avec une planche de découpe, soit, une fois encore, avec des cartons.

Avec
amour

CROCODILE

LE MATÉRIEL

LES INDISPENSABLES À RÉUNIR

Il est tout à fait envisageable de faire des activités créatives avec des matériaux de récupération. Cependant, il y a un minimum de matériel à posséder pour réussir ses premières activités et pour réaliser celles que je propose dans ce livre.

Pour débuter, il est nécessaire d'avoir :

- un cutter de précision : c'est un cutter avec une lame très fine pour faciliter les découpes ;
- un pistolet à colle et des recharges de colle – un modèle petit format sera suffisant et plus facile à manipuler pour réaliser les activités de ce livre ;
- une paire de ciseaux ;
- de la peinture acrylique : pour plus opacité sur le carton ;
- des pinceaux brosses, pour peindre les grandes surfaces ;
- des pinceaux ronds, pour les plus petites surfaces ;
- des feutres acryliques type Posca®, pour tous les détails des créations ;
- une règle de 30 cm minimum ;
- un crayon à papier ;
- une gomme.

Pour vous procurer ce matériel, je vous invite à faire un tour dans les enseignes spécialisées dans les activités manuelles et loisirs créatifs, qui proposent une large gamme de matériel indispensable.

Vous pouvez aussi vous tourner vers des enseignes « bon marché », qui ne disposeront pas de la même qualité de gammes mais qui vous permettront tout de même de vous équiper. Surtout si vous débutez, ces enseignes peuvent se révéler être une bonne alternative économique. Pour avoir testé les deux offres, mon cutter de précision acheté dans une enseigne bon marché fonctionne aussi bien que celui acheté dans une enseigne spécialisée. En revanche, la peinture proposée dans les enseignes bon marché est souvent moins opaque et offre donc une finition moins jolie.

La Pajarita
Paint
PEINTURE TOUS SUPPORTS
COLORI PER TUTTE LE SUPERFICI
Exclusive for ZODIO

LA PEINTURE

Le choix de votre peinture va être déterminant sur le rendu de vos créations. Aussi, s'il n'est pas difficile de se procurer de la peinture, il est important de bien la choisir.

Pour vous aider, et comme je disais précédemment, je vous invite vivement à éliminer d'emblée les peintures premier prix qui manquent la plupart du temps d'opacité et mettent du temps à sécher.

Quelques informations générales sur les peintures

La gouache est destinée aux enfants : elle est généralement utilisée dans les écoles. Une fois sèche, elle a la particularité de déteindre et de se dissoudre au contact de l'eau. Ainsi, pour les éventuels petits accidents sur les vêtements, il est possible de faire disparaître les taches au lavage.

Le choix des couleurs se restreint le plus souvent aux couleurs primaires.

L'acrylique est composé de deux éléments principaux :

- des pigments d'origine minérale, naturelle ou synthétique ;
- du liant composé d'une émulsion d'eau et d'une résine acrylique. La texture du liant est plus ou moins liquide selon le fabriquant.

L'acrylique est idéal pour les loisirs créatifs et apprécié pour son séchage rapide. Cette peinture ne bouge plus une fois sèche.

ZOOM SUR LA PEINTURE ZODIO

J'ai eu l'occasion de tester et de me procurer différentes gammes de peintures acryliques, et j'ai eu un véritable coup de cœur pour la peinture La Pajarita de chez Zodio, que vous retrouverez dans les créations de ce livre.

- La palette de couleurs est déclinée dans un nuancier de plus d'une cinquantaine de teintes.
- Son opacité est optimale, il suffit d'une seule couche pour recouvrir une surface.
- La finition mate donne un effet sobre et neutre.
- Elle est d'ailleurs très facile à utiliser, sans apprêt nécessaire. Il est possible de l'utiliser sur toutes les surfaces comme le carton, le bois, le métal, le plastique, le verre, la toile…
- Il est également possible de moduler les couleurs pour en créer de nouvelles.
- Deux contenants sont disponibles : 75 ml et 175 ml.
- Le séchage est ultrarapide.

Si vous avez du mal à choisir parmi tout le nuancier…

Voici mes couleurs coup de cœur :

- Mr Green : un vrai vert forêt ;
- Cancun : un beau vert amande ;
- C'est la vie ! : un magnifique bleu-gris ;
- Terracota : un terre cuite ;
- Sahara : un jaune qui porte parfaitement son nom ;
- Peach : un rose-orangé tout doux ;
- Groseille : qui pourrait aussi s'appeler « pamplemousse ».

La Pajarita
Paint
PEINTURE TOUS SUPPORTS
COLORI PER TUTTE LE SUPERFICI
Exclusive for ZODIO

La Pajarita

LE CARTON

Le carton est une superposition de feuilles de papier collées ensemble. Une feuille de papier-carton est un support fabriqué à partir de fibres de cellulose. Ces fibres sont principalement extraites du bois ou de papiers et cartons à recycler pour être assemblées. Le carton est généralement épais et rigide.

Pour les activités à réaliser dans ce livre, il est préférable de choisir du carton pas trop épais, non seulement pour faciliter les découpes au cutter de précision, mais surtout pour pouvoir le moduler facilement.

Il est très facile de trouver du carton, car il fait partie de notre quotidien : lorsque vous commandez en ligne ou encore lorsque vous achetez du gros mobilier, par exemple, pensez à conserver ces cartons d'emballage pour vos futures activités. Il est également possible de vous en procurer lorsque vous faites vos courses. Un grand nombre de cartons sont régulièrement jetés dans les supermarchés, il vous suffit de vous adresser à un employé du magasin.

Pour avoir des cartons avec de belles et grandes surfaces lisses, vous pouvez aussi récupérer ce que l'on appelle des « intercalaires » : ce sont des grands morceaux de carton qui permettent de séparer et d'équilibrer les produits sur les palettes. Vous en trouverez de manière générale dans les rayons boissons et hygiène.

Vous pouvez aussi être prévoyante(e) et demander que l'on vous mette des box en carton de côté.

Et si vous vous faisiez une petite réserve à carton chez vous pour les futures activités que vous inventerez avec vos enfants ?

TIPS RECUP'

Il y a plein d'objets présents dans notre quotidien que l'on peut conserver pour leur donner une seconde vie.

Vous pouvez garder tous les contenants et supports en carton, comme les rouleaux de papier toilette, les rouleaux d'essuie-tout, les boîtes d'œufs, les briques de lait ou de jus de fruits, les boîtes de céréales, les emballages de biscuits industriels…

Vous pouvez aussi récupérer des bâtonnets de glace (même si on en trouve dans les enseignes bon marché à bas prix), des pinces à linge, des bouchons de liège ou même en plastique…

Lorsque vous organisez des anniversaires, gardez bien la vaisselle jetable restante (assiettes, gobelets, pailles…) ou lavez celle qui a été peu utilisée et resservez-vous-en pour réaliser vos projets manuels.

Vous pouvez aussi collecter des petits trésors lors de balades en forêt comme des marrons, des feuilles, des bâtons ou encore des pommes de pin.

Si vous voulez vous lancer dans des créations avec des matériaux moins éphémères, vous pouvez par exemple vous rendre dans les enseignes de bricolage pour récupérer des chutes de contre-plaqué, et des chutes de tissus dans les magasins spécialisés.

Chez
M. Ecureuil

Chapitre 2
Imaginer

ACTIVITÉ 1. MON PETIT MONDE DU DÉSERT

Les enfants s'interrogent souvent sur l'environnement, le milieu dans lequel vivent leurs animaux favoris. Ce petit monde les invite à s'immerger dans le désert à la découverte de sa faune et de sa flore.

LE MATÉRIEL

- **Un morceau de carton d'environ 2 × 3 m**
- **Une règle**
- **Un cutter de précision**
- **Un pistolet à colle**
- **Des recharges de colle**
- **De la peinture La Pajarita, références : Sahara, Camel, Pacific, C'est la vie, Vert verde et Marron**
- **Un pinceau brosse**
- **Un pinceau rond**
- **Un crayon à papier**
- **Un feutre acrylique Posca® blanc 8 mm**
- **Un feutre acrylique Posca® marron 2,5 mm**
- **Des figurines dromadaire, crocodile, scorpion et cobra**

PAS À PAS

1. Découpez un morceau de carton de 55 cm de longueur sur 40 cm de largeur avec le cutter de précision.

2. Peignez le carton avec la peinture Sahara – c'est le sol du désert. Laissez sécher.

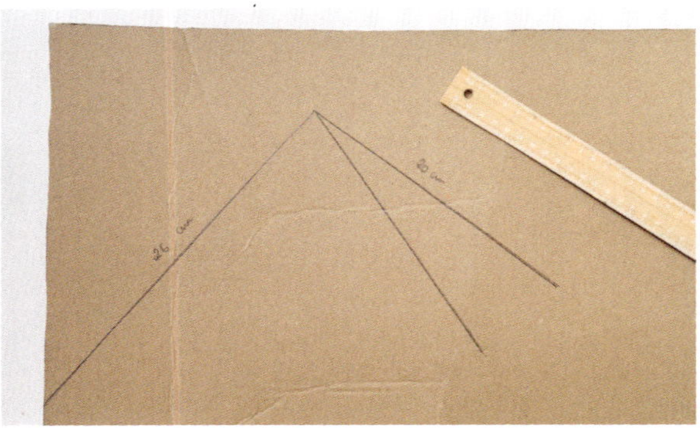

3. Tracez une pyramide avec un côté mesurant 26 cm et les deux autres 20 cm.

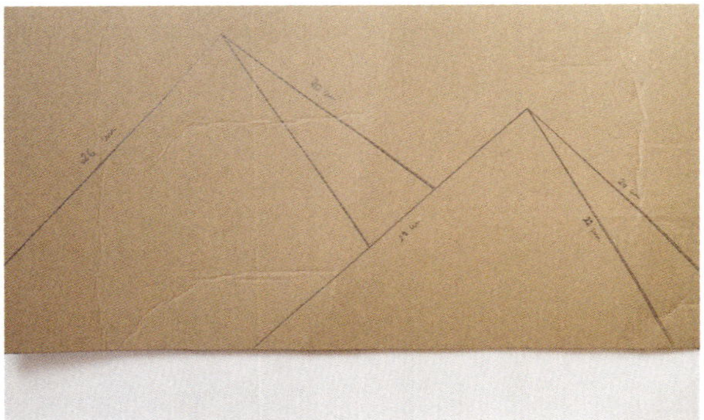

4. À droite de la première pyramide, tracez-en une seconde avec un côté mesurant 29 cm, un côté mesurant 22 cm et le troisième mesurant 20 cm.

5. Découpez les pyramides avec le cutter.

6. Peignez les pyramides avec la peinture Sahara et laissez sécher.

PAS À PAS

7. Peignez des ombres sur les pyramides avec la peinture Camel. Elles leur donneront du volume. Laissez sécher.

8. Collez la base des pyramides contre le fond du sol du désert, comme sur la photo.

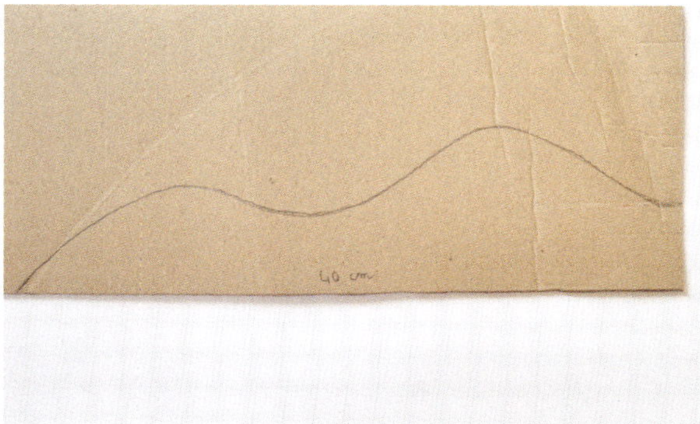

9. Dessinez les dunes de gauche d'une largeur de 40 cm.

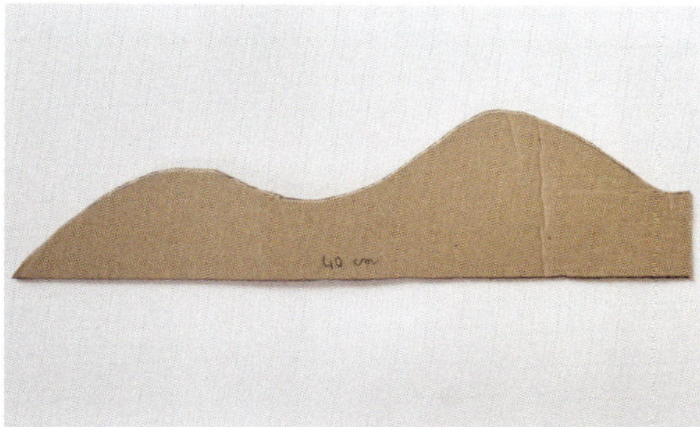

10. Découpez-les avec le cutter.

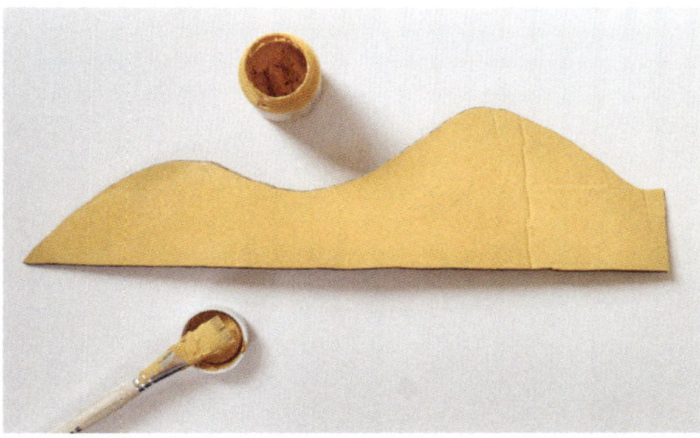

11. Peignez les dunes avec la peinture Sahara et laissez sécher.

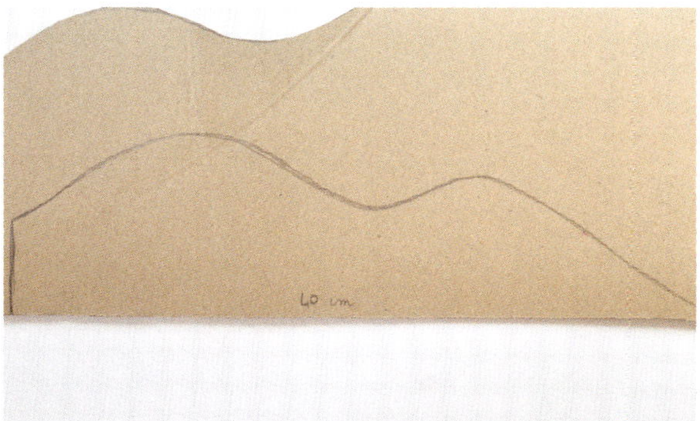

12. Dessinez les dunes de droite d'une largeur de 40 cm.

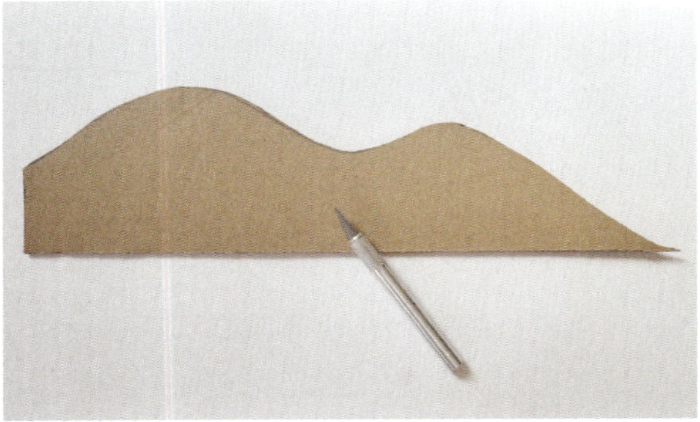

13. Découpez-les avec le cutter.

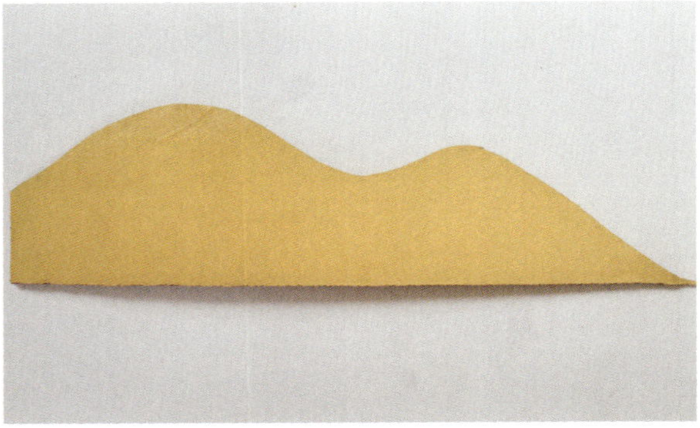

14. Peignez-les de nouveau avec la peinture Sahara et laissez sécher.

15. Collez les dunes à droite et à gauche sur le fond du désert en procédant de la même façon que pour les pyramides.

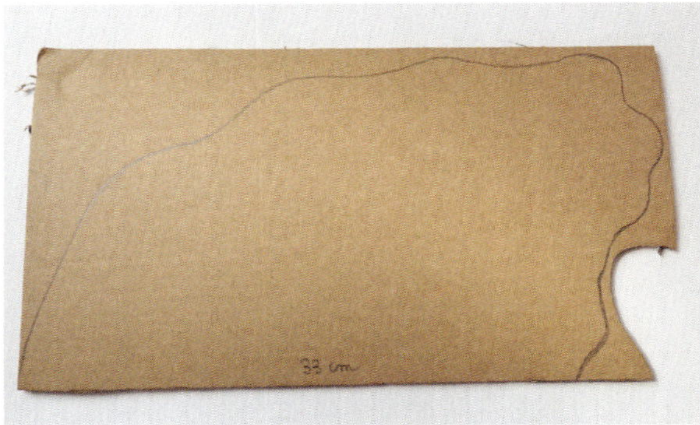

16. Sur le carton, dessinez une oasis de 33 cm de longueur sur 20 cm de largeur environ.

17. Découpez-la avec le cutter.

18. Peignez l'eau avec la peinture Pacific et laissez sécher.

19. Collez-la sur le sol du désert à l'aide du pistolet à colle.

20. Sur le carton, dessinez 2 palmiers de 30 cm de haut.

21. Découpez-les avec le cutter.

22. Peignez le tronc des palmiers avec la peinture Marron et les feuilles avec la peinture Vert de verde et laissez sécher.

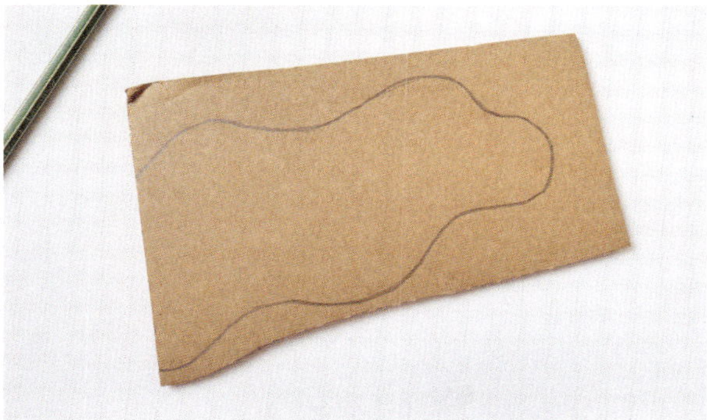

23. Sur le carton, dessinez un buisson d'une largeur de 10 cm.

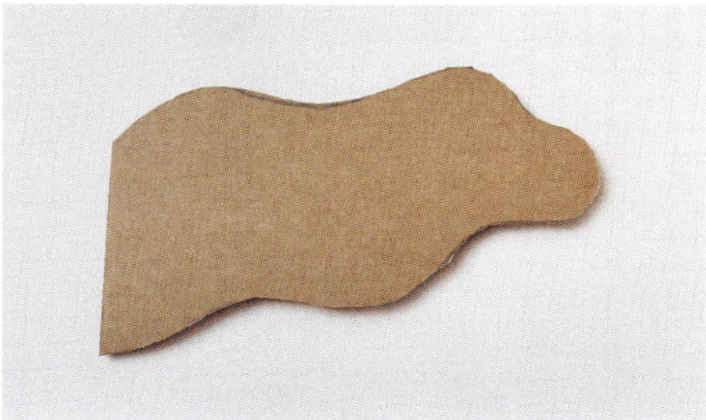

24. Découpez-le avec le cutter.

25. Peignez le buisson avec la peinture Vert de verde et laissez sécher.

26. Collez-le au-dessus de l'oasis à l'aide du pistolet à colle.

27. Avec le feutre marron, tracez 5 traits sur chaque tronc

28. Collez les 2 palmiers sur le sol en procédant de la même façon que pour les pyramides.

29. Sur le carton, dessinez 2 buissons.

30. Découpez-les avec le cutter.

31. Peignez-les avec la peinture Vert de verde et laissez sécher.

32. Collez-les au niveau des dunes de droite en procédant de la même façon que pour les pyramides.

33. Avec la peinture C’est la vie, peignez le reflet du palmier de gauche dans l’eau et laissez sécher.

34. Dessinez un reflet dans l’eau avec le feutre blanc. Cela donnera du volume à votre petit monde.

35. Positionnez les animaux sur le petit monde.

LE BUT DU JEU

▶ **Grâce à ce joli décor, place au jeu ! Votre enfant peut s'amuser à déplacer ses figurines et à s'inventer toutes sortes d'histoires. Le petit monde est déclinable à l'infini sur toutes les thématiques préférées de votre enfant.**

Activité 2.
Le théâtre de la mer

Ce théâtre de la mer permet à l'enfant de se mettre dans la peau de l'animal qu'il aura choisi et de raconter son histoire.

LE MATÉRIEL

- Une boîte en carton rectangulaire
- Une feuille cartonnée blanche (type Canson®)
- 3 pailles
- Un pistolet à colle
- Une paire de ciseaux
- De la peinture, références : Pacific, Blanc, Gris, Noir, Vert verde, Mr Green et Marron
- Un feutre Posca® noir pointe 0,7 mm
- Un feutre acrylique blanc pointe 1,4 mm
- Un cutter de précision
- Un crayon à papier
- Une règle
- Un pinceau brosse
- Un pinceau rond

PAS À PAS

1. Dans la boîte en carton, tracez un cadre à 3 cm du bord.

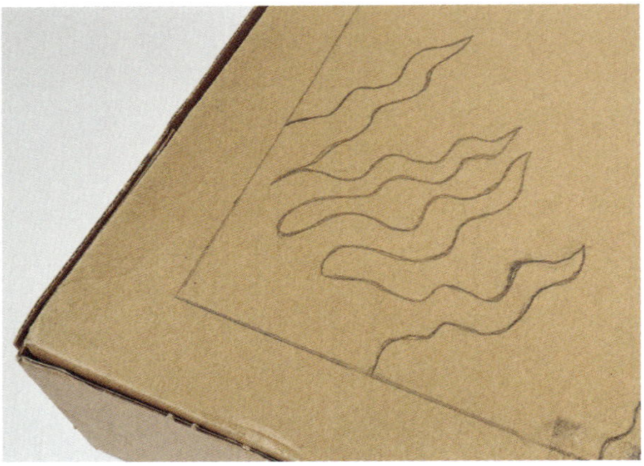

2. Dessinez des algues en bas de la boîte au crayon à papier.

3. Découpez l'intérieur du cadre (sauf les algues) avec le cutter de précision.

4. Avec le cutter de précision, faites une ouverture sur le dessus de la boîte pour passer les pailles.

5. Avec le pinceau brosse, peignez le fond de la boîte avec la peinture Pacific et laissez sécher.

6. Avec le pinceau rond, peignez les algues avec la peinture Mr Green et laissez sécher.

7. Sur la feuille cartonnée blanche, dessinez une raie.

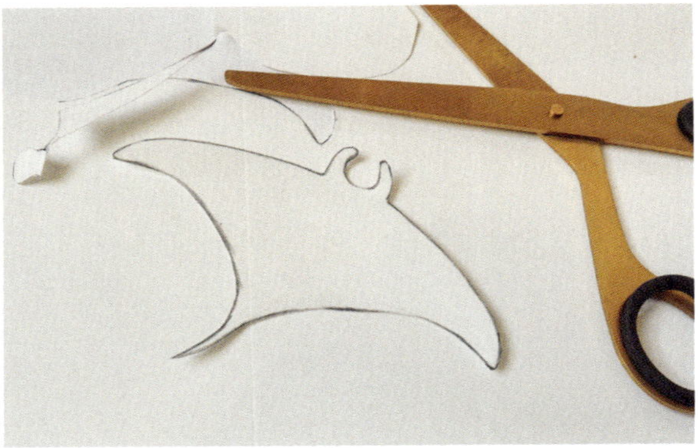

8. Découpez-la avec les ciseaux.

9. Peignez-la avec la peinture noire et laissez sécher.

10. Dessinez un requin.

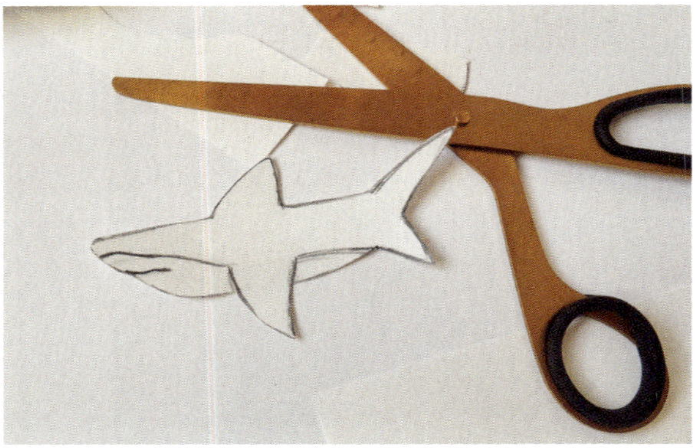

11. Découpez-le avec les ciseaux.

12. Peignez-le en gris et blanc et laissez sécher.

13. Enfin, dessinez une tortue d'environ 8 cm.

14. Découpez-la avec les ciseaux.

15. Peignez la carapace avec la peinture Mr Green, puis les nageoires et la tête avec la peinture Vert de verde. Laissez sécher.

16. Dessinez les yeux et les détails des animaux marins avec les feutres acryliques noir et blanc.

17. Collez les animaux à l'extrémité des pailles à l'aide du pistolet à colle.

LE BUT DU JEU

▶ Votre enfant peut maintenant faire glisser ses animaux-marionnettes dans l'ouverture de la boîte et inventer des histoires sous-marines extraordinaires !

Activité 3. Un puzzle route

Les enfants passionnés de petites voitures les emportent bien souvent partout. Ce puzzle route est facile à glisser dans un sac. Il est idéal pour s'occuper en vacances, en week-end ou chez Papi et Mamie, et ajoutera une dimension de rêverie supplémentaire à l'imagination des bambins.

LE MATÉRIEL

- **Un morceau de carton de 30 × 70 cm**
- **De la peinture acrylique La Pajarita noire**
- **Un pinceau brosse**
- **Un feutre acrylique blanc (type Posca®, Pintor®)**
- **Un cutter de précision**
- **Une règle**
- **Un crayon à papier**

1. Dans le carton, tracez 4 rectangles de 30 cm de longueur sur 10 cm de largeur.

2. Divisez les rectangles en 2 parties de 15 cm. Aux extrémités, tracez un arc de cercle de 4 cm de largeur sur 2 cm de hauteur, comme sur la photo. Il doit rester 3 cm de chaque côté de l'arc de cercle.

3. Avec le cutter de précision, découpez seulement 2 parties de 15 cm.

4. Servez-vous des parties découpées pour tracer les autres parties de route.

PAS À PAS

5. Découpez les parties restantes. Vous devez obtenir 8 parties de route.

6. Peignez-les en noir et laissez-les sécher.

7. Une fois que la peinture est sèche, tracez à l'aide d'un crayon à papier un rectangle de 6 × 1 cm au centre de chacune des parties de route.

8. Repassez sur le précédent traçage à l'aide du feutre acrylique blanc.

LE BUT DU JEU

▶ **Et voilà, votre puzzle route est terminé ! *Vroum, vroum !* Assemblez et désassemblez les pièces. Il ne manque plus que des petites voitures pour s'amuser à les faire rouler !**

Activité 4. Le château magique

« Il était une fois un dragon nommé Flamme qui habitait la plus haute tour du château fort… » Voici un château à fabriquer pour imaginer 1 001 histoires !

LE MATÉRIEL

- 5 rouleaux d'essuie-tout
- Un rouleau de papier toilette
- Un emballage de sauce tomate Panzani
- Un morceau de carton d'1 × 1 m
- 3 feuilles bordeaux de 32 × 24 cm (type Canson®)
- Un petit morceau de feutrine blanche de 12 × 12 cm
- 5 cure-dents
- 30 cm de cordelette
- De la peinture La Pajarita, références : Eiffel et blanc
- Un pinceau brosse
- Un pinceau rond
- Un feutre acrylique vert foncé pointe 2-3 mm
- Un feutre Posca® noir pointe 0,7 mm
- Un cutter de précision
- Un crayon à papier
- Un pistolet à colle et ses recharges
- Une paire de ciseaux
- Une règle

1. Dans le carton, tracez un mur de 15 cm de hauteur sur 18 cm de longueur, comme sur la photo.

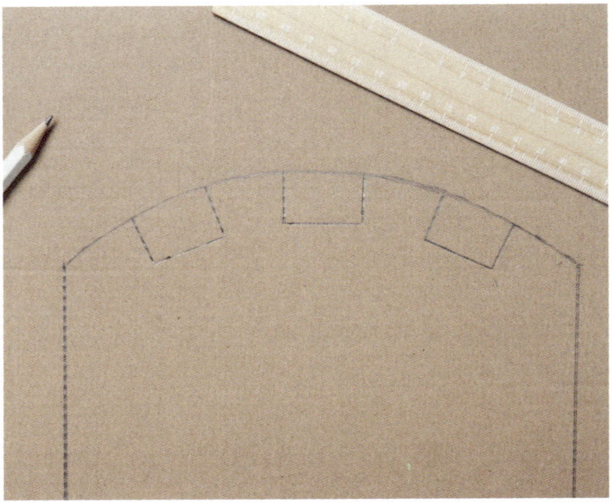

2. Tracez 4 créneaux de 2,5 cm.

3. Tracez une porte de 6 cm au centre du mur.

4. Découpez le mur et la porte avec le cutter de précision. Réservez la porte pour l'étape 24.

5. Dans le carton, tracez un autre mur de 20 cm de longueur sur 15 cm de hauteur.

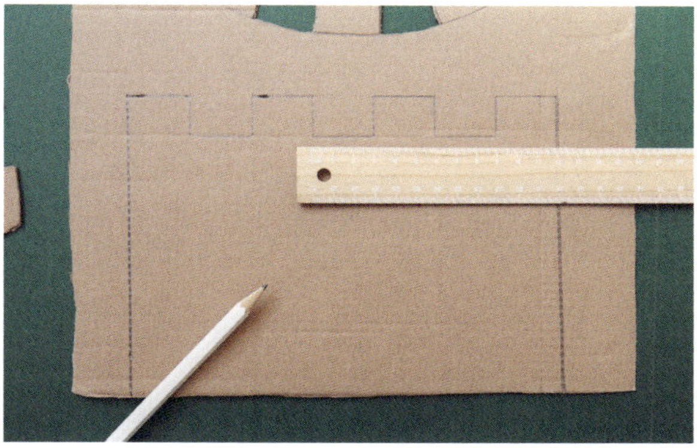

6. Tracez 4 créneaux de 3 cm.

7. Découpez-les.

8. Tracez 2 autres murs, comme sur la photo.

9. Découpez-les au cutter de précision.

10. Tracez des créneaux d'1,5 cm sur le tour du paquet de sauce tomate.

PAS À PAS

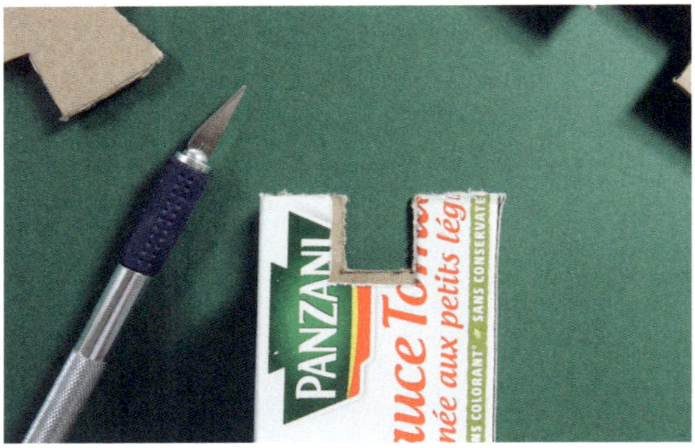

11. Découpez-les au cutter de précision.

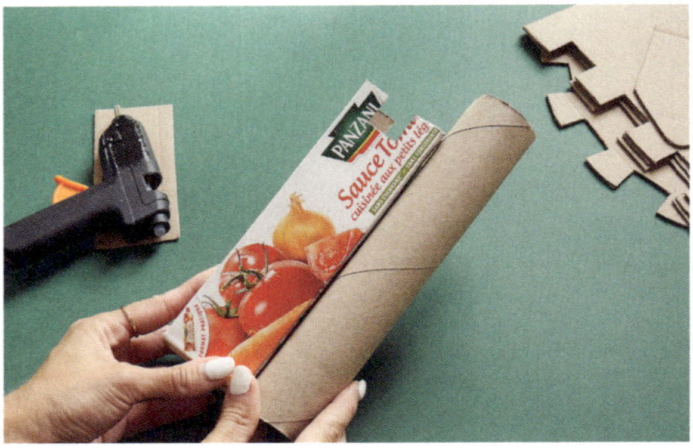

12. Collez le paquet de sauce tomate sur un rouleau d'essuie-tout à l'aide du pistolet à colle.

13. Collez le rouleau de papier toilette au-dessus du rouleau d'essuie-tout.

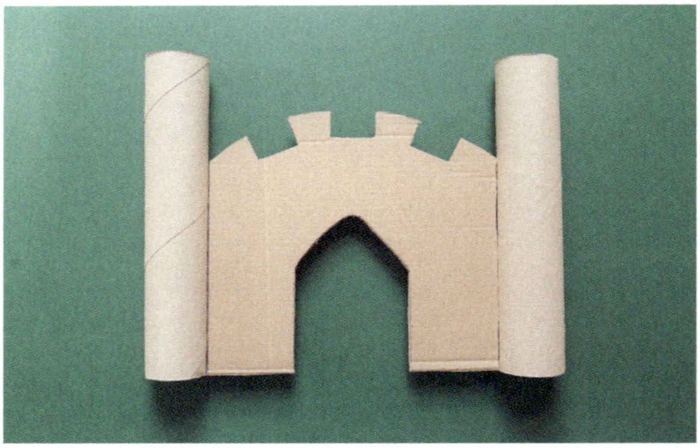

14. Collez 2 rouleaux d'essuie-tout sur chacun des côtés du mur de l'entrée.

15. Collez un premier mur de l'autre côté du rouleau d'essuie-tout, comme sur le modèle.

16. Collez en alternant rouleau d'essuie-tout et mur pour former le château.

17. Collez la tour du château avec le rouleau de sauce tomate sur le mur du fond du château.

18. Peignez tout le château en blanc avec le pinceau brosse et laissez sécher.

19. Avec la peinture Eiffel et le pinceau rond, peignez des taches sur le château. Elles représenteront des zones de pierres apparentes. Laissez sécher.

20. Dessinez avec le feutre Posca® noir les pierres sur chacune des taches, comme sur la photo.

21. Dessinez des fenêtres sur les 2 tours de devant et sur la plus haute.

22. Dessinez des feuilles sur les murs du château avec le feutre vert.

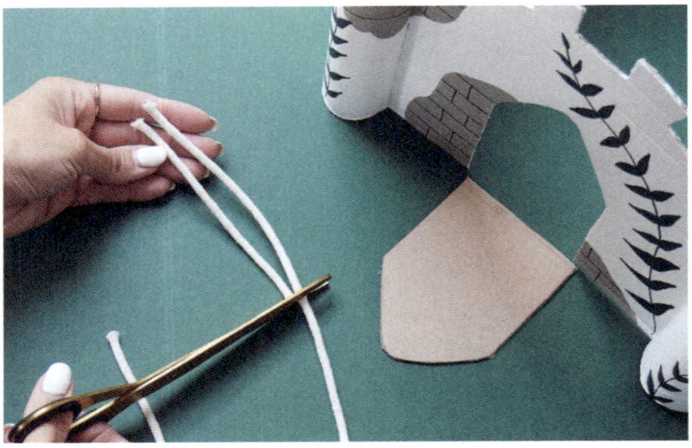

23. Découpez 2 morceaux de 10 cm de cordelette.

24. Pour créer un pont-levis, collez les 2 morceaux de cordelette sur le mur intérieur et sur la porte.

25. Découpez les 3 feuilles bordeaux en deux.

26. Formez 5 cônes.

27. Collez-les pour les fermer.

28. Sur le morceau de feutrine, dessinez 5 triangles de 2 cm.

29. Découpez-les avec les ciseaux.

30. Collez-les sur les cure-dents pour former des petits drapeaux.

31. Puis collez les cure-dents au sommet des cônes.

32. Terminez en collant les cônes sur les tours.

LE BUT DU JEU

▶ **Votre château se dresse maintenant majestueusement ! Un décor enchanteur dans lequel votre enfant pourra jouer avec ses figurines favorites et inventer des histoires chevaleresques de princes et de princesses !**

Chez
M. Ecureuil

Activité 5.
La cabane dans l'arbre

Qui n'a jamais rêvé de fabriquer une petite cabane ? Alors que l'hiver s'installe doucement, M. Écureuil s'est construit un abri dans son chêne préféré pour y cacher ses réserves.

LE MATÉRIEL

- **Un morceau de carton de 2 × 2 m**
- **De la feutrine verte de 15 × 20 cm**
- **15 cm de ficelle**
- **50 cm de cordelette**
- **Une paire de ciseaux**
- **Un cutter de précision**
- **Un pistolet à colle et ses recharges**
- **Une règle**
- **Un feutre Posca® noir pointe 0,7 mm**
- **Un crayon à papier**

PAS À PAS

1. Aux ciseaux ou au cutter de précision, découpez un morceau de carton de 35 × 30 cm pour faire le sol, comme sur la photo.

2. Dans du carton, découpez un rectangle de 15 × 10 cm.

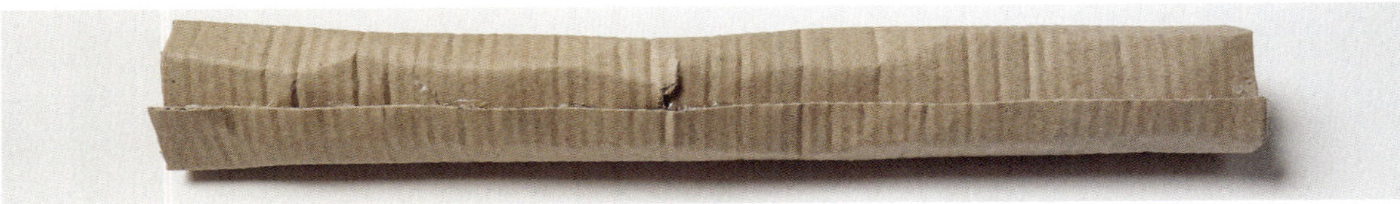

3. Roulez ce rectangle et fixez-le avec de la colle. Il formera le tronc d'un arbre.

4. Collez le tronc au centre du sol de la cabane.

5. Découpez un morceau de carton de 15 × 30 cm pour faire le sol de la cabane dans l'arbre, comme sur la photo.

6. Collez-le sur le tronc.

7. Dans du carton, formez 3 branches : 2 de 20 cm et la dernière de 15 cm en procédant de la même manière que pour le tronc (voir l'étape 3).

8. Collez les branches sur le tronc de l'arbre, les deux plus grandes derrière et la plus petite devant.

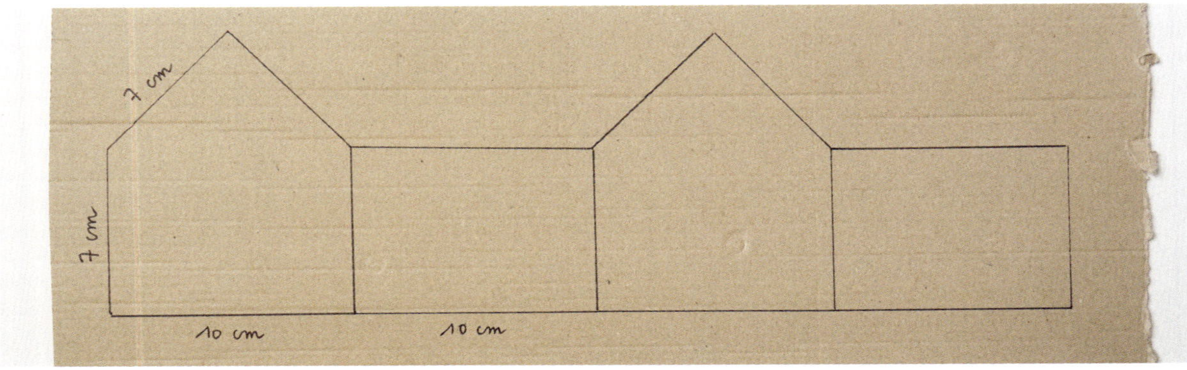

9. Dans du carton, tracez la cabane, selon les dimensions indiquées sur la photo.

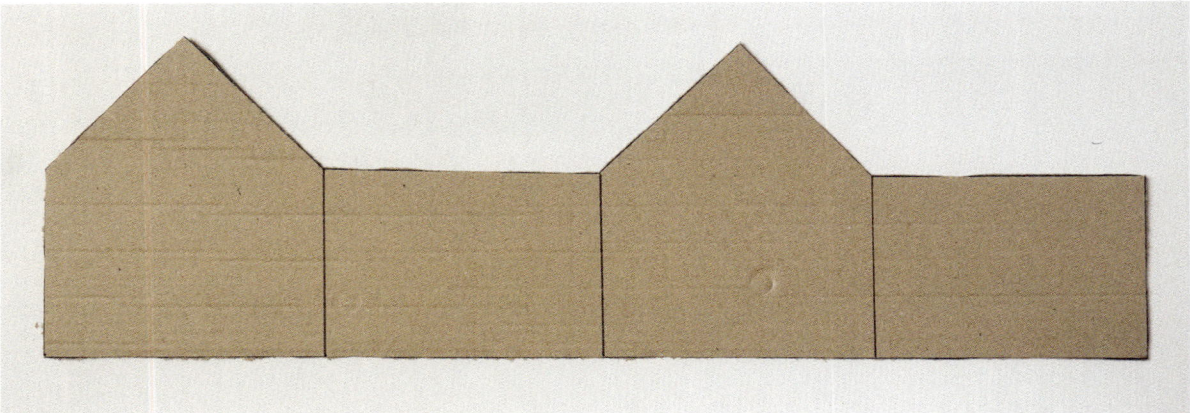

10. Aux ciseaux ou au cutter de précision, découpez-la.

11. Découpez une porte de 4 × 5 cm, comme sur la photo.

12. Assemblez et collez la cabane, comme sur la photo.

13. Dans du carton, découpez un rectangle de 16 × 10 cm pour faire le toit.

14. Pliez-le et collez-le sur la cabane.

15. Découpez 4 buissons et 7 feuilles dans le morceau de feutrine.

16. Collez les feuilles sur les branches de l'arbre et les buissons sur le sol.

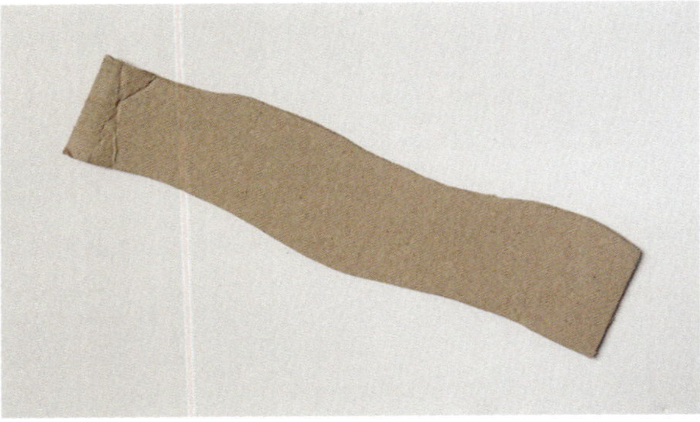

17. Aux ciseaux ou au cutter de précision, découpez un rectangle de 15 × 5 cm qui servira de toboggan, comme sur la photo.

18. Collez-le sur le côté droit, entre le sol et le sol de la cabane.

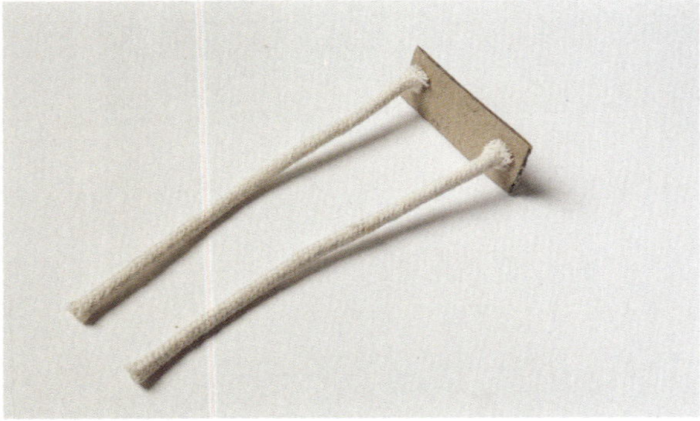

19. Coupez, puis collez 2 morceaux de cordelette de 10 cm sur un morceau de carton de 3 × 1,5 cm pour faire la balançoire.

20. Collez la balançoire sous la branche de gauche.

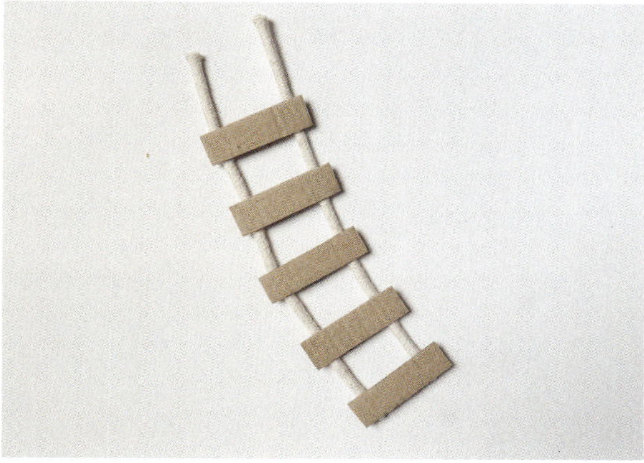

21. Pour faire l'espalier, collez 5 morceaux de carton de 4,5 × 1 cm sur 2 morceaux de cordelette de 17 cm, comme sur la photo.

22. Avec de la feutrine et un peu de ficelle, faites une petite guirlande et collez-la sur le dessus de la maisonnette.

22. Collez la cabane sur le sol dans l'arbre, puis l'espalier entre les deux sols, comme sur la photo.

24. Fabriquez un petit panneau dans le reste de carton et écrivez le nom du propriétaire de la cabane !

LE BUT DU JEU

▶ **Quel décor de rêve pour jouer avec tous les animaux de la forêt !**

Chapitre 3
Se concentrer

Activité 6.
Un tableau sensoriel

Dans cette activité, votre enfant va former une jolie tortue des mers qu'il verra apparaître au fur et à mesure qu'il remplit chaque compartiment tout en faisant appel à ses cinq sens.

LE MATÉRIEL

- **Un morceau de carton type colis de 40 × 50 cm**
- **Une feuille cartonnée kraft format A4**
- **2 kg de sable bleu**
- **Une quarantaine de coquillages**
- **Une trentaine de petites feuilles (type feuilles de glycine)**
- **Un pistolet à colle**
- **Des recharges de colle**
- **Une paire de ciseaux**
- **Un cutter de précision**
- **Un crayon à papier**
- **Une règle**
- **3 feutres acryliques bleu, vert et blanc, pointes 2-3 mm (type Pintor®, Posca®)**

1. Sur les 4 côtés du colis, tracez un trait à 3 cm de hauteur.

2. Découpez avec le cutter de précision pour former le cadre.

3. Au centre du cadre, dessinez la carapace d'une tortue au crayon à papier. Elle ne doit pas dépasser 24 cm de long et 21 cm de large.

4. Dessinez la tête, environ 8 cm de longueur sur 6 cm de largeur.

5. Dessinez ensuite les nageoires supérieures, elles ne doivent pas faire plus de 12 cm sur la largeur.

6. Terminez par les nageoires inférieures, elles ne doivent pas faire plus de 8 cm de longueur.

7. Sur la feuille kraft, tracez des bandes de 2 cm de hauteur.

8. Découpez les bandes avec la paire de ciseaux.

9. Mettez directement de la colle sur le contour de la carapace. Positionnez les bandes. Il vous faudra 2,5 bandes pour former la partie du corps.

10. Collez ensuite ½ bande pour la tête.

11. Collez les nageoires supérieures. Il vous faudra 1,5 bande pour chacune des nageoires.

12. Terminez par les nageoires inférieures. Il vous faudra ½ bande pour chacune.

13. À l'aide des feutres, faites des points de couleur pour orienter votre enfant.

LE BUT DU JEU

▶ Voici une activité ludique qui va permettre à votre enfant de se familiariser avec des matières différentes : coquillages, sable, feuilles, tout en prenant le temps de remplir les compartiments. Le résultat de ce tableau ainsi formé est magnifique !

1. Proposez-lui ensuite de remplir les nageoires et la tête avec les feuilles.

2. Enfin, proposez-lui de terminer son tableau en ajoutant tout autour le sable bleu qui symbolisera la mer.

3. Proposez à votre enfant de former la carapace à l'aide des coquillages.

Activité 7.
Sauver les animaux marins

Une activité sensorielle 100 % écoresponsable à réaliser en famille, idéale pour sensibiliser votre enfant à l'environnement et aux enjeux du monde actuel de façon ludique.

LE MATÉRIEL

- **4 bacs ou bassines**
- **Des déchets (bouchons, plastique, ficelle, papier bulle, gobelet en plastique)**
- **30 cm de cordelette**
- **Le haut d'une bouteille**
- **Des coquillages**
- **De l'eau**
- **Du colorant alimentaire bleu**
- **De la peinture acrylique La Pajarita noire**
- **500 g de farine**
- **Des figurines animales marines (baleine, requin, pieuvre, poisson)**

1. Placez les 4 bacs sur une surface plate, une table par exemple.

2. Remplissez à moitié d'eau le 1er bac.

3. Ajoutez de la peinture noire dans l'eau pour simuler une nappe de pétrole.

4. Ajoutez la farine et mélangez.

5. Entourez la baleine avec de la cordelette.

6. Enroulez le requin dans le papier bulle.

7. Insérez la pieuvre dans le gobelet.

8. Introduisez le poisson dans le goulot de la bouteille.

9. Mettez la baleine dans le bac.

10. Mettez le requin dans le bac.

11. Mettez la pieuvre dans le bac.

12. Mettez le poisson dans le bac.

13. Tous les animaux sont dans le bac d'eau polluée.

14. Ajoutez les autres déchets.

15. Remplissez à moitié d'eau le 2e bac.

16. Laissez le 3e bac vide, il servira de poubelle pour les déchets.

17. Remplissez à moitié d'eau le 4e bac.

18. Ajoutez quelques gouttes de colorant alimentaire bleu.

19. Mélangez.

20. Ajoutez-y les coquillages.

PAS À PAS

LE BUT DU JEU

1. Libérez les animaux.

2. Nettoyez-les dans le 2e bac.

3. Triez les déchets dans le 3e bac.

4. Remettez les animaux dans le 4e bac.

Activité 8. Le squelette du tricératops

Reproduisez un site archéologique à la maison ! Votre enfant se glissera dans la peau d'un paléontologue pour faire des fouilles et retrouver le squelette d'un tricératops !

LE MATÉRIEL

- **Un morceau de carton de 30 × 22 cm**
- **Un feutre acrylique blanc pointe 2-3 mm (type Pintor® ou Posca®)**
- **Un crayon à papier**
- **2 verres de farine**
- **Un verre de sel**
- **Un verre d'eau**
- **Un ou 2 plateaux pour mettre les ossements**
- **500 g de sable**
- **Un cure-dents (facultatif)**
- **Un pinceau brosse (facultatif)**

1. Au crayon à papier, dessinez la tête du tricératops sur le carton.

2. Dessinez les pattes avant.

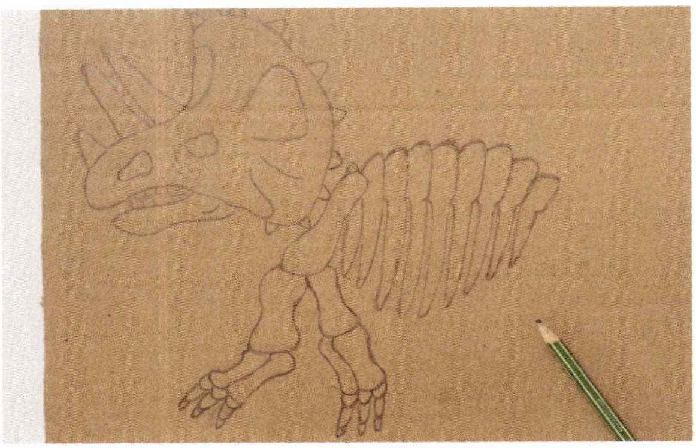

3. Dessinez le corps.

4. Dessinez les pattes arrière.

5. Dessinez la queue.

6. Repassez le dessin du tricératops au feutre acrylique blanc.

Pour vous aider, vous pouvez aussi vous amuser à décalquer le tricératops sur le carton.

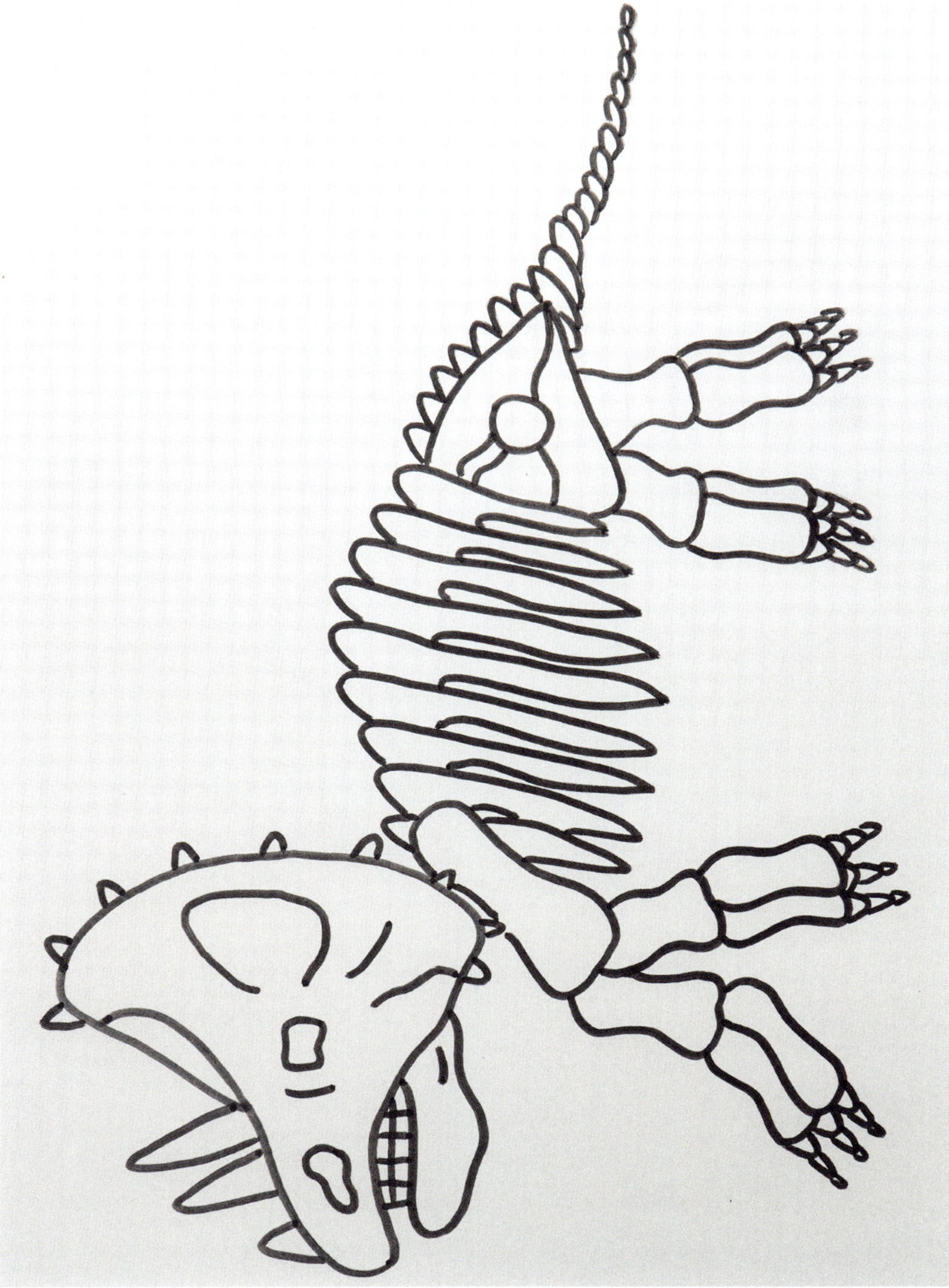

7. Dans un bol, mélangez la farine avec le sel.

8. Ajoutez le verre d'eau.

9. Ajustez en ajoutant un peu de farine si la pâte est collante.

10. Mélangez jusqu'à obtenir une boule de pâte homogène.

11. À l'aide du dessin que vous avez tracé aux étapes 1 à 6, formez les os du squelette avec la pâte. Préchauffez le four à 110 °C (th. 5-6).

12. À l'aide de la mine du crayon à papier ou du cure-dents, faites les détails des dents et de la tête.

13. Les ossements sont prêts à être cuits. Enfournez-les pour 2 heures.

14. Une fois cuits, laissez les ossements refroidir.

15. Posez le dessin et les bacs sur une table.

ASTUCE

▶ **Ajoutez un pinceau pour rendre la fouille plus réelle et ludique.**

16. Mettez les ossements dans les bacs.

17. Recouvrez les ossements de sable.

PAS À PAS

LE BUT DU JEU

1. Commencez la fouille.

2. Avec le pinceau brosse, votre enfant s'amuse à déterrer et épousseter les ossements comme s'il venait de les découvrir sur un site archéologique.

3. Il positionne les ossements un à un sur le dessin.

4. Profitez-en pour nommer avec votre enfant les parties du corps.

5. Recommencez à l'infini.

Activité 9. Le labyrinthe de Petit Toucan

Petit Toucan s'est perdu dans la jungle tropicale, aidez-le à en sortir en évitant les prédateurs. Un jeu parfait pour apprendre à s'orienter avec les animaux de la jungle tout en s'amusant.

LE MATÉRIEL

- **Un morceau de carton de 60 × 50 cm**
- **½ feuille de papier cartonné rouge (type Canson®)**
- **Une feuille de papier kraft format A4**
- **De la peinture La Pajarita, référence : Vert verde**
- **Un feutre Posca® jaune pointe 2-3 mm**
- **Un feutre Posca® vert d'eau pointe 2-3 mm**
- **Une paire de ciseaux**
- **Un cutter de précision**
- **Une règle**
- **Un pinceau brosse**
- **Un pistolet à colle et ses recharges**
- **Des figurines animales : toucan, anaconda, léopard, papillon**
- **Une dizaine de feuilles vertes**

PAS À PAS

1. Sur le morceau de carton, tracez un rectangle de 30 × 40 cm au crayon à papier.

2. Aux ciseaux ou au cutter de précision, découpez-le.

3. Dans les chutes du morceau de carton, découpez 2 bandes de 40 × 4 cm et 2 bandes de 30 × 4 cm.

4. À l'aide du pistolet à colle, collez les bandes de carton autour du rectangle pour former les bords d'un cadre.

5. Sur l'un des bords du cadre de 40 cm, découpez une entrée de 5 cm. Faites une sortie de la même dimension à l'opposé de ce même bord.

6. Peignez le fond avec la peinture Verte verde et laissez sécher.

PAS À PAS

7. Peignez également l'intérieur du cadre et laissez sécher.

8. Tracez le labyrinthe au crayon à papier, comme sur la photo.

9. Découpez la feuille de papier kraft en bandes de 4 cm.

10. Collez les bandes en suivant le traçage du labyrinthe de manière à en former les murs.

ASTUCE

▶ **Découpez les bandes au fur et à mesure pour ajuster aux bonnes dimensions des traçages du labyrinthe.**

11. Avec le feutre vert d'eau, dessinez une flaque d'eau à droite de l'entrée du labyrinthe.

12. Dessinez 3 hibiscus sur la feuille de papier cartonné rouge, comme sur la photo.

13. Aux ciseaux ou au cutter de précision, découpez-les.

14. Avec le feutre jaune, dessinez l'intérieur des hibicus.

15. Collez-les sur le labyrinthe.

16. Ajoutez les feuilles vertes sur le labyrinthe.

17. Positionnez les 2 figurines des animaux prédateurs dans le labyrinthe.

18. Positionnez la figurine papillon au niveau de la sortie.

19. Positionnez le toucan au niveau de l'entrée.

LE BUT DU JEU

▶ **Et maintenant, aidez Petit Toucan à trouver la sortie du labyrinthe en évitant les prédateurs et à rejoindre son ami le papillon.**

Activité 10. Les taches du serpent

Voici une activité dite « de discrimination visuelle » qui consiste à procéder par élimination pour remplir le corps du serpent avec les bonnes pièces. Un jeu qui ravira les jeunes passionnés de reptiles !

LE MATÉRIEL

- **Un morceau de carton de 80 × 80 cm**
- **9 perles en bois d'1 cm de diamètre**
- **De la peinture La Pajarita, références : Vert verde et Mr Green**
- **Un feutre Posca® jaune pointe 2-3 mm**
- **Un feutre Posca® bordeaux pointe 2-3 mm**
- **Un feutre Posca® noir pointe 1,3 mm**
- **Un feutre acrylique blanc pointe 2-3 mm (type Pintor®)**
- **Un cutter de précision**
- **Un crayon à papier**
- **Un pistolet à colle et ses recharges**
- **Un pinceau brosse**

1. Au crayon à papier, dessinez un serpent de 40 cm de longueur, comme sur la photo.

2. Découpez-le avec le cutter de précision.

3. À l'aide de ce serpent, tracez-en un second.

4. Découpez-le avec le cutter de précision.

5. Divisez le serpent en 9 morceaux au crayon à papier.

6. Dessinez 9 grandes taches et 9 plus petites.

7. Découpez les grandes taches avec le cutter de précision.

8. Peignez le serpent avec la peinture Vert verde en évitant les petites taches et laissez sécher.

9. Peignez les grandes taches avec la peinture Mr Green et laissez sécher.

10. Coloriez les petites taches avec le feutre jaune et la langue avec le feutre bordeaux.

11. Collez une perle en bois sur chaque grande tache.

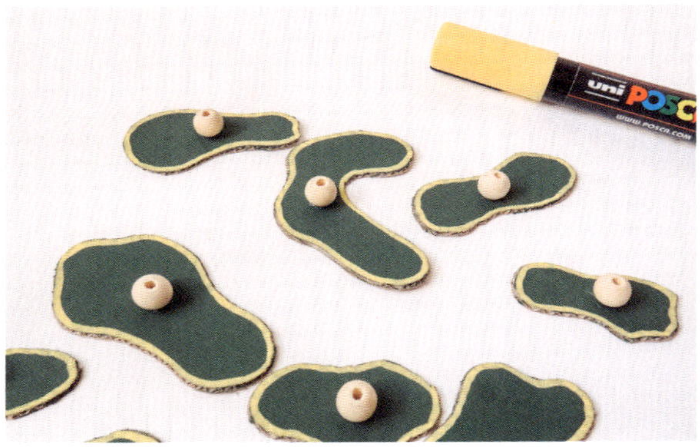

12. Tracez les contours des grandes taches au feutre jaune.

13. Dessinez les yeux et les narines du serpent avec les feutres jaune et noir.

14. Avec le feutre noir, repassez sur les séparations du corps du serpent.

15. Collez le 2nd serpent en dessous du premier.

16. Avec le feutre acrylique blanc, dessinez le squelette du serpent à l'intérieur des 9 grandes taches.

LE BUT DU JEU

▶ **Comme dans un puzzle, votre enfant doit réussir à reconstituer le corps du serpent en plaçant les grandes taches aux endroits correspondants, là où apparaît son squelette.**

Regarde dans le ciel

Fais
de
pipi

Chapitre 4
Apprendre

Regarde dans le ciel
OFF THE WALL
VANS
OFF THE WALL
VANS

Activité 11.
Regarde dans le ciel

Cette activité permet à votre enfant d'observer le ciel et le temps qu'il fait. Elle peut être une petite routine météo à reproduire chaque jour.

LE MATÉRIEL

- **Un morceau de carton de 40 × 50 cm**
- **Du scratch**
- **Une paire de ciseaux**
- **Un cutter de précision**
- **Un crayon à papier**
- **Un pistolet à colle et ses recharges**
- **Des feutres acryliques pointe 2-3 mm type Pintor® ou Posca® : rouge, orange, jaune, rose, violet, bleu, vert et blanc**
- **Un feutre Posca® noir pointe 0,7 mm**
- **Une règle**

1. Sur le carton, dessinez au crayon à papier un nuage de 30 × 50 cm environ.

2. Découpez-le à l'aide du cutter de précision.

3. Sur les chutes de carton, tracez 7 rectangles de 5 × 6 cm.

4. Dans le 1er rectangle, dessinez un nuage avec de la pluie.

5. Dans le rectangle suivant, dessinez un soleil.

6. Dans le rectangle suivant, dessinez un arc-en-ciel.

7. Dans le rectangle suivant, dessinez un nuage avec de la neige.

8. Dans le rectangle suivant, dessinez un nuage avec du vent. Dans le rectangle suivant, dessinez un éclair.

9. Terminez par dessiner un nuage.

10. Coloriez le nuage de pluie avec le feutre gris.

11. Découpez ce rectangle avec le cutter de précision.

12. Coloriez le soleil en jaune et en orange.

13. Découpez ce rectangle avec le cutter de précision.

14. Coloriez l'arc-en-ciel de toutes les couleurs.

15. Découpez ce rectangle avec le cutter de précision.

16. Coloriez le nuage de neige en blanc.

17. Découpez ce rectangle avec le cutter de précision.

18. Coloriez le nuage de vent en blanc.

19. Découpez ce rectangle avec le cutter de précision.

20. Coloriez l'éclair en jaune.

21. Découpez ce rectangle avec le cutter de précision.

22. Coloriez le nuage en gris.

23. Découpez ce rectangle avec le cutter de précision.

24. Découpez 6 morceaux de scratch dans la partie « crochets » (la plus piquante) et 6 morceaux dans la partie « velours » (partie la plus douce).

25. Positionnez les rectangles météo sur le grand nuage en carton, comme sur la photo, et tracez des repères.

26. Collez les 6 morceaux de scratch « velours » au centre des repères.

27. Collez les 6 autres scratchs « crochets » au dos des rectangles.

28. Tracez un repère au-dessus, dans la partie supérieure et centrée du nuage.

29. Collez un morceau de scratch « velours » au centre du repère.

30. Avec le feutre acrylique blanc, écrivez « Regarde dans le ciel » en haut.

LE BUT DU JEU

▶ **Chaque jour, proposez à votre enfant d'observer le ciel et demandez-lui quel temps il fait. À lui de placer la bonne image selon la météo du jour !**

G
K
B
V
A
Z
J
O
i

Activité 12. L'oranger

Cette activité va permettre à votre enfant de se familiariser en douceur avec les lettres de l'alphabet.

LE MATÉRIEL

- **Un morceau de carton de 35 × 50 cm**
- **26 rondelles de bois de 4 cm de diamètre**
- **De la peinture La Pajarita, références : orange et marron**
- **Un feutre Posca® Rose saumon pointe 2-3 mm**
- **Un feutre acrylique vert foncé pointe 2-3 mm**
- **Un carré de feutrine vert foncé de 20 × 20 cm**
- **Une paire de ciseaux**
- **Un crayon à papier**
- **Un pinceau brosse**
- **Un pinceau rond**
- **Un pistolet à colle et ses recharges**

PAS À PAS

1. Sur le bas du carton, commencez par dessiner le tronc de l'oranger au crayon à papier.

2. Dessinez ensuite 6 grosses branches sur lesquelles vous ajouterez des petites branches.

3. Avec la peinture marron, commencez par peindre le tronc avec le pinceau rond.

4. Puis peignez les branches et laissez sécher.

5. Avec la peinture orange et le pinceau brosse, peignez les 26 rondelles de bois qui représenteront des oranges. Laissez sécher.

6. Dans un premier temps, tracez les 26 lettres de l'alphabet au crayon à papier sur les rondelles.

7. Puis repassez les lettres avec le feutre rose saumon.

8. Sur la feutrine, dessinez 2 feuilles de 3 cm.

9. Découpez-les à l'aide de la paire de ciseaux.

10. Aidez-vous de ce modèle pour en dessiner 25 autres.

11. Découpez-les.

12. Collez les feuilles une à une derrière chaque rondelle de bois, comme sur la photo.

13. Avec le feutre acrylique vert foncé, dessinez les nervures des feuilles pour leur donner du relief.

14. Sur l'arbre, tracez au crayon à papier les 26 lettres éparpillées sur les branches.

15. Repassez les lettres avec le feutre rose saumon.

LE BUT DU JEU

▶ **Grâce à cet abécédaire original, votre enfant devra retrouver l'orange qui correspond à la lettre sur les branches de l'oranger.**

X
A
B
E
V
K

W
C
T
N
G
i
Y

2
3
4
5
6
7
8
9
10

Activité 13. Le pamplemousse et ses pépins

« Combien il y a de pépins... ? » Cette activité apprend à votre enfant à compter en dénombrant les pépins de chaque quartier du pamplemousse tout en s'amusant.

LE MATÉRIEL

- **Un morceau de carton de 30 × 30 cm**
- **10 pinces à linge vintage**
- **2 pinceaux ronds de tailles différentes**
- **Un cutter de précision**
- **Un feutre acrylique type Pintor® blanc pointe 2-3 mm**
- **Un feutre Posca® pointe 0,7 mm**
- **Un crayon à papier**
- **De la peinture La Pajarita, références : Sahara, Blanc et Marsala**

1. Au crayon à papier, tracez un cercle de 26 cm de diamètre sur le carton.

2. Découpez-le avec le cutter de précision.

ASTUCE

▶ **Utilisez une règle et un compas pour plus de facilité.**

3. Dans ce même cercle, tracez au crayon à papier un 2nd cercle à 1 cm du bord.

4. Dessinez le cœur du pamplemousse au centre du cercle, comme sur la photo.

5. Dessinez un quartier de pamplemousse de 11 cm de long sur 6 cm de large, comme sur la photo.

6. Dessinez les 9 autres quartiers.

7. Avec la peinture Sahara, peignez le tour et laissez sécher.

8. Avec la peinture blanche, peignez les contours des quartiers et laissez sécher.

9. Avec la peinture Marsala, peignez les quartiers de pamplemousse et laissez sécher.

10. Dans un quartier, dessinez un pépin au crayon à papier.

11. Coloriez-le avec le feutre acrylique blanc.

12. Avec le feutre noir, tracez le tour du pépin.

13. Dessinez ensuite 2 pépins dans le quartier suivant, puis 3 dans le quartier suivant, et ainsi de suite jusqu'à 10.

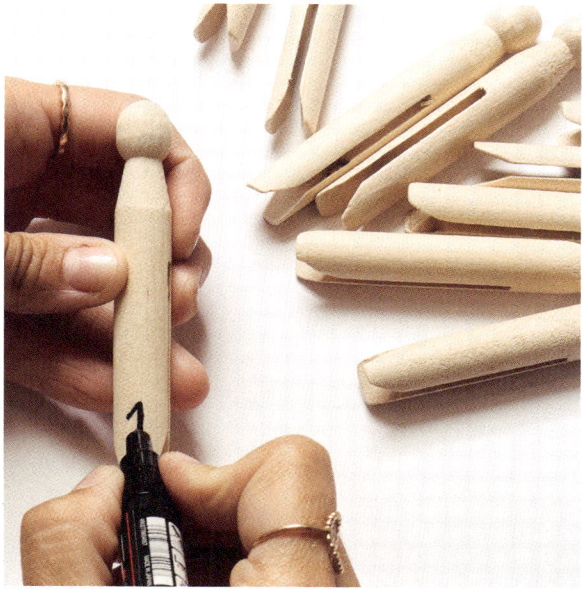

14. Avec le feutre noir, écrivez le chiffre 1 sur la partie inférieure d'une pince à linge.

15. Faites la même chose pour les 9 autres pinces à linge.

LE BUT DU JEU

▶ L'enfant doit venir positionner les pinces à linge numérotées sur les quartiers de pamplemousse contenant le nombre de pépins correspondant.

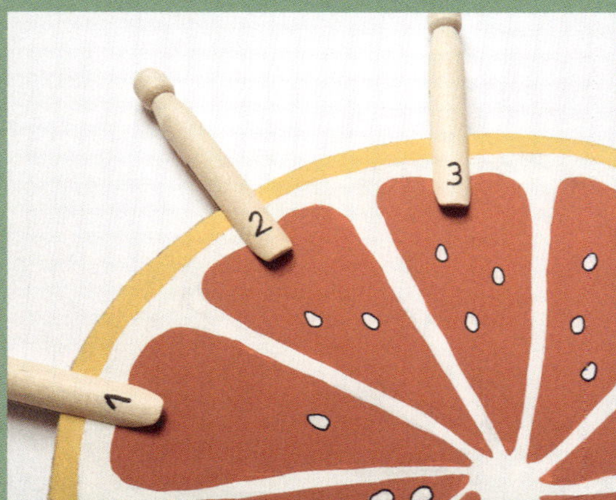

Activité 14. La couleur des tournesols

Une activité qui va permettre à votre enfant de se familiariser avec les couleurs.

LE MATÉRIEL

- **Une boîte vide de 20 œufs**
- **20 bâtonnets de glace**
- **Une feuille de papier cartonnée jaune format A4 (type Canson®)**
- **10 feutres : noir, gris, marron, vert, bleu, violet, rose, rouge, orange et jaune**
- **Une paire de ciseaux**
- **Un pistolet à colle et ses recharges**
- **De la peinture La Pajarita, référence : Mr Green**
- **Un pinceau brosse**
- **Un cutter de précision**
- **Un feutre Posca® marron pointe 2-3 mm**
- **Un feutre Posca® noir pointe 0,7 mm**
- **Une gomme (facultatif)**

1. Avec la peinture Mr Green, peignez la boîte d'œufs et laissez sécher.

2. Avec le cutter de précision, faites une ouverture à l'horizontale de la largeur d'un bâtonnet de glace sur le fond d'un compartiment d'œuf.

3. Faites les 19 autres ouvertures de la même façon.

4. Faites un test en enfonçant un bâtonnet de glace dans une ouverture.

5. Sur le papier cartonné jaune, dessinez un cercle de 2 cm de diamètre.

6. Dessinez 8 pétales de tournesol de 0,5 cm sur 2 cm au crayon à papier.

ASTUCE

▶ **Utilisez une règle et un compas pour plus de facilité.**

7. Dessinez 8 autres pétales derrière les premiers.

8. Dessinez les 19 autres tournesols de la même façon.

9. Avec le feutre marron, coloriez le cœur des tournesols.

10. Avec le feutre noir, repassez le contour des pétales. Gommez éventuellement les traits de crayon à papier.

11. Dessinez les détails du cœur des tournesols en faisant des petits points.

12. Découpez les tournesols avec les ciseaux.

13. Collez les tournesols sur les bâtonnets de glace.

14. Faites un point de chaque couleur sur 10 bâtonnets.

15. Faites de même sur les 10 autres bâtonnets de manière à former des paires.

16. Plantez les 10 premiers tournesols dans la boîte d'œufs.

LE BUT DU JEU

- **L'enfant étale devant lui les 10 autres tournesols de couleurs différentes. Sur le principe du memory, il doit ensuite soulever chaque bâtonnet pour retrouver les paires de couleurs.**

Fais
de
pipi
calin

Activité 15. Une routine du soir

La mise en place de routines permet à l'enfant de développer son autonomie et instaure un sentiment de confiance et de sécurité, surtout le soir, au moment de s'endormir.

LE MATÉRIEL

- **Un morceau de carton de 40 × 40 cm**
- **Du scratch**
- **Un cutter de précision**
- **Un pistolet à colle et ses recharges**
- **Une paire de ciseaux**
- **Une règle**
- **Un crayon à papier**
- **Des feutres Posca® pointe 2-3 mm : rouge, vert, gris, beige et jaune**
- **Des feutres acryliques type Pintor® pointe 2-3 mm : bleu et blanc**
- **Un feutre Posca® noir pointe 0,7 mm**
- **Une gomme (facultatif)**

1. Sur le carton, dessinez un croissant de lune de 36 cm de hauteur sur 15 cm de largeur.

2. Tracez 6 parties égales (environ 5 cm de hauteur) à l'intérieur de la lune.

3. Poursuivez les lignes de démarcation des parties, elles serviront de rabats.

4. Découpez la Lune à l'aide du cutter de précision.

5. Sans oublier la partie des futurs rabats.

6. Découpez chaque rabat en suivant les lignes que vous avez tracées.

7. Faites un test de pliage en rabattant la 1re languette sur la Lune.

8. Dans la 1re partie, dessinez une baignoire.

9. Dans la partie suivante, dessinez une brosse à dents.

10. Dans la partie suivante, dessinez des toilettes.

11. Dans la partie suivante, dessinez un livre.

12. Dans la partie suivante, dessinez 4 cœurs.

13. Coloriez la baignoire avec les feutres blanc, bleu et gris.

14. Coloriez la brosse à dents avec les feutres vert, bleu et blanc.

15. Coloriez les toilettes avec le feutre blanc.

16. Coloriez le livre en beige.

17. Coloriez les cœurs en rouge.

18. Tracez les contours des dessins au feutre noir.

19. Gommez éventuellement les traits de crayon à papier.

20. Tracez les contours de la Lune avec le feutre noir.

21. Découpez 5 morceaux de scratch dans la partie « crochets » (la plus piquante) et 5 morceaux dans la partie « velours » (partie la plus douce).

22. Collez les 5 morceaux de scratch « velours » à côté de chaque dessin.

23. Faites un repère sur les rabats pour positionner l'autre partie du scratch en face.

24. Collez les scratchs « crochets » sur chaque rabat.

25. Écrivez l'étape de chaque partie de la routine à gauche des scratchs « crochets », au crayon à papier.

26. Repassez au feutre noir.

27. Pliez tous les rabats sur la Lune.

28. Découpez la partie des rabats qui dépasse de la Lune.

29. Au crayon à papier, écrivez sur les rabats « Fais de beaux rêves » et dessinez des étoiles.

30. Repassez aux feutres jaune et noir.

LE BUT DU JEU

▶ **Avec votre enfant, rabattez chaque étape de sa petite routine du soir pour vérifier avec lui qu'il a pris son bain, qu'il s'est brossé les dents, qu'il est allé aux toilettes, que vous avez lu son histoire du soir et fait un dernier câlin avant qu'il s'endorme et fasse de beaux rêves !**

Wild
Dad

N
O
E
S
Petit explorateur

Chapitre 5
S'AMUSER

Petit explorateur
N
O
E
S

Activité 16. Le kit du petit explorateur

Chaque explorateur en herbe a besoin d'être équipé. Ce petit kit permettra à votre enfant d'entrer dans la peau de son personnage d'explorateur et donnera à vos promenades une dimension ludique.

LE MATÉRIEL

- **Une boîte cartonnée format carré de 10 × 10 cm (type boîte de thé vide)**
- **Un rouleau d'essuie-tout**
- **Un rouleau de papier toilette**
- **Un morceau de carton de 15 × 20 cm**
- **2 m de cordelette noire**
- **Une perle en bois carrée**
- **Une pince métallique**
- **Une feuille cartonnée noire format A5 (type Canson®)**
- **Une feuille cartonnée blanche format A5 (type Canson®)**
- **Une règle**
- **Une paire de ciseaux**
- **Un cutter de précision**
- **Un compas**
- **Une perforatrice**
- **Un pistolet à colle et ses recharges**
- **Un crayon à papier**
- **Un pinceau brosse**
- **Un feutre Posca® rouge pointe 2-3 mm**
- **Un feutre Posca® noir pointe 0,7 mm**
- **De la peinture La Pajarita, références : noir et gris**

PAS À PAS

L'APPAREIL PHOTO

1. Au crayon à papier, tracez un cercle au centre de la boîte à l'aide du rouleau de papier toilette.

2. Découpez-le avec le cutter de précision.

3. Tracez un trait horizontal sur le haut du cercle et un autre sur le bas du cercle.

4. Peignez en noir la totalité de la boîte, excepté la partie tracée dans l'étape 3. Laissez sécher.

PAS À PAS

5. Peignez en gris la partie restante et laissez sécher.

6. Peignez le rouleau de papier toilette en noir et laissez sécher.

7. Insérez-le dans le cercle.

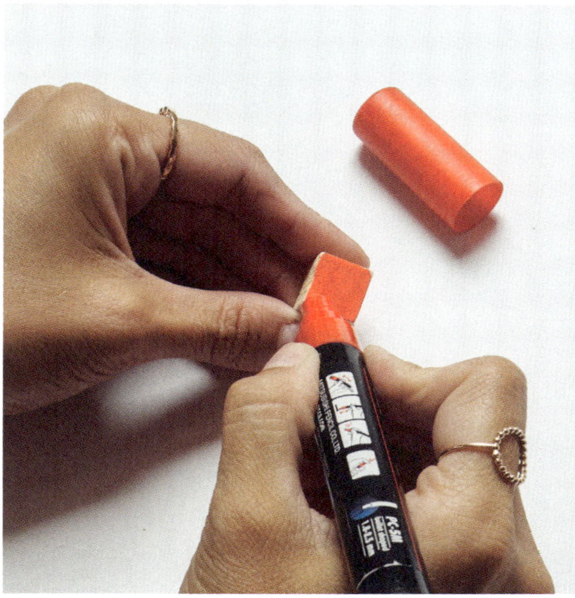

8. Coloriez la perle avec le feutre rouge.

9. Collez la perle sur le haut de la boîte à l'aide du pistolet à colle.

10. À l'aide de la perforatrice, faites un trou de chaque côté de la boîte.

11. Passez un morceau de cordelette de 80 cm dans chaque trou.

12. Faites un nœud à chaque extrémité pour bloquer la cordelette.

LES JUMELLES

1. Découpez le rouleau d'essuie-tout en deux.

2. Peignez en noir les 2 rouleaux ainsi obtenus et laissez sécher.

3. Découpez un morceau de 7 cm de large dans la feuille cartonnée noire.

4. Formez un rouleau avec le morceau découpé à l'étape précédente.

5. Collez-le pour le fermer.

6. Collez-le ensuite à cheval sur les 2 rouleaux d'essuie-tout peints en noir.

7. À l'aide de la perforatrice, faites un trou de chaque côté des rouleaux.

8. Comme pour l'appareil photo, passez un morceau de cordelette de 80 cm dans chaque trou, puis faites un nœud à chaque extrémité pour bloquer la cordelette.

PAS À PAS

LA BOUSSOLE

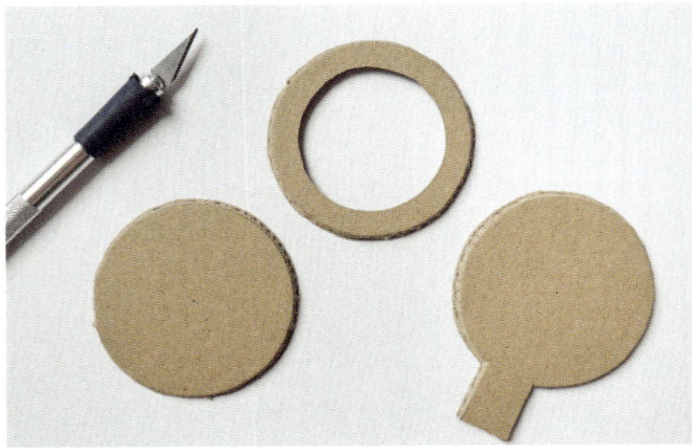

1. Dans le carton, tracez 3 cercles de 6 cm de diamètre. Ajoutez un cercle à l'intérieur du 2e cercle et tracez un rectangle de 4 × 2 cm en haut du 3e cercle.

2. Découpez-les avec le cutter de précision.

3. Découpez un cercle de 6 cm dans la feuille de papier cartonnée blanche.

4. Collez ce cercle de papier blanc sur le 1er cercle de carton.

5. Collez le 2e cercle de carton sur le 1er cercle.

6. Collez ensuite le 3e cercle en dessous du 1er cercle pour former la boussole.

7. Dessinez 2 flèches d'1,5 cm chacune avec les feutres noir et rouge.

8. Découpez-les avec la paire de ciseaux.

9. Collez-les au centre de la boussole.

10. Écrivez les points cardinaux avec le feutre noir.

11. Découpez un morceau de carton de 15 × 20 cm.

12. Collez la pince métallique.

LE BUT DU JEU

▶ **Muni de son petit kit, votre enfant peut partir à l'aventure au parc, dans le jardin, en vacances, pour observer la nature et mimer les grands explorateurs !**

Activité 17. Une piñata baleine

La piñata est un jeu incontournable pour animer vos fêtes d'anniversaire, par exemple, et faire plaisir à votre enfant.

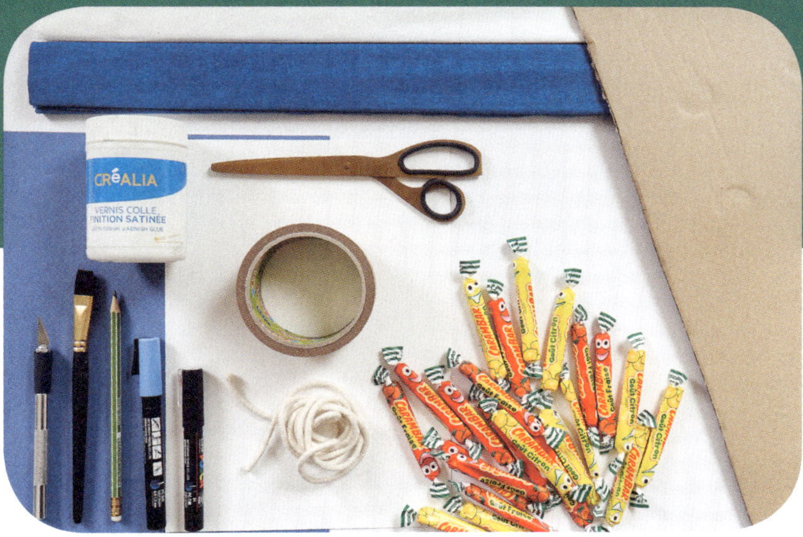

LE MATÉRIEL

- **Un morceau de carton d'1 × 1 m**
- **Du papier crépon bleu et blanc**
- **1 m de cordelette**
- **Une feuille de papier cartonnée bleue format A4 (type Canson®)**
- **Une feuille de papier cartonnée blanche format A4 (type Canson®)**
- **Du vernis colle**
- **Du gros ruban adhésif**
- **Une paire de ciseaux**
- **Un cutter de précision**
- **Un feutre Posca® bleu pointe 1-2 mm**
- **Un feutre Posca® noir pointe 0,7 mm**
- **Un crayon à papier**
- **Un pinceau brosse**
- **Des bonbons**

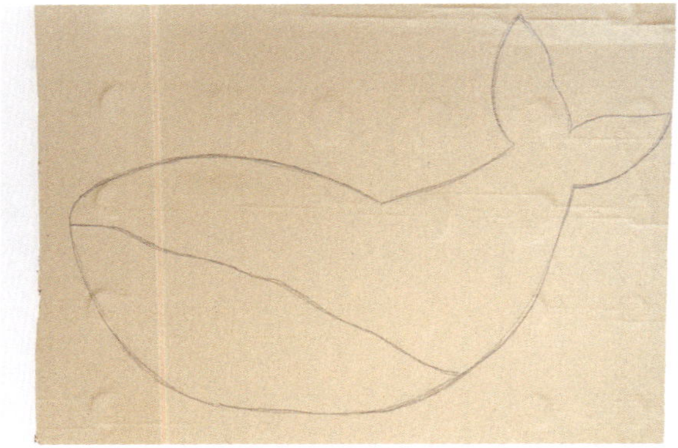

1. Sur le carton, dessinez une baleine de 50 × 30 cm.

2. Découpez-la avec le cutter de précision.

3. Dessinez une 2de baleine en vous aidant de celle que vous venez de découper.

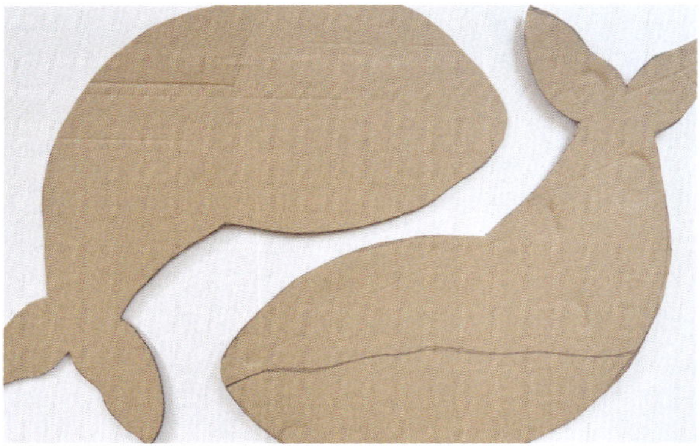

4. Découpez-la.

5. Sur le carton, tracez 3 bandes de 15 cm de largeur.

6. Découpez-les avec le cutter de précision.

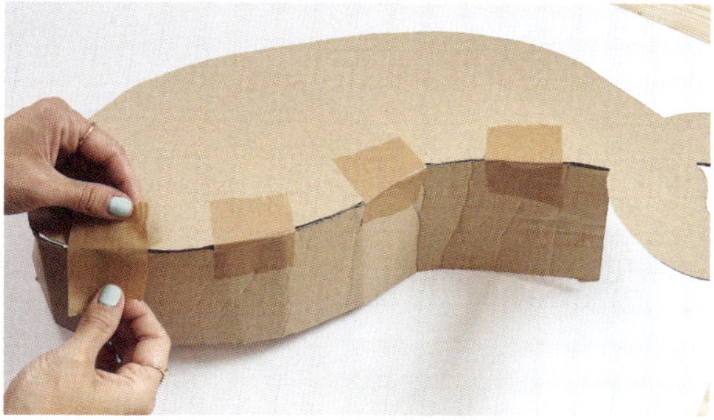

7. Avec du ruban adhésif, collez les bandes autour de la 1re baleine qui sera le fond de la piñata.

8. Consolidez l'intérieur avec du ruban adhésif.

9. Remplissez de bonbons.

10. Avec le cutter de précision, faites un trou au centre de la baleine.

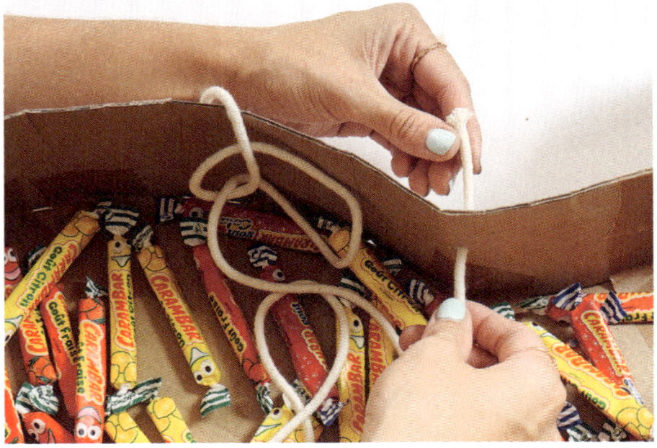

11. Pliez la cordelette en deux, puis passez la boucle dans le trou, à l'intérieur. Tirez de manière à la faire ressortir presque entièrement. Nouez solidement les 2 extrémités pour la bloquer à l'intérieur.

12. Avec du ruban adhésif, collez la 2de baleine par-dessus pour fermer la piñata.

13. Découpez les rouleaux de papier crépon en morceaux de 2 cm.

14. Faites des petits crans sur les morceaux, comme sur la photo.

15. Déroulez les morceaux en bandelettes, puis commencez par coller les bandes blanches en partant du bas de la baleine.

16. Collez ensuite les bandes bleues.

17. Collez des bandes bleues sur le dessus de la baleine.

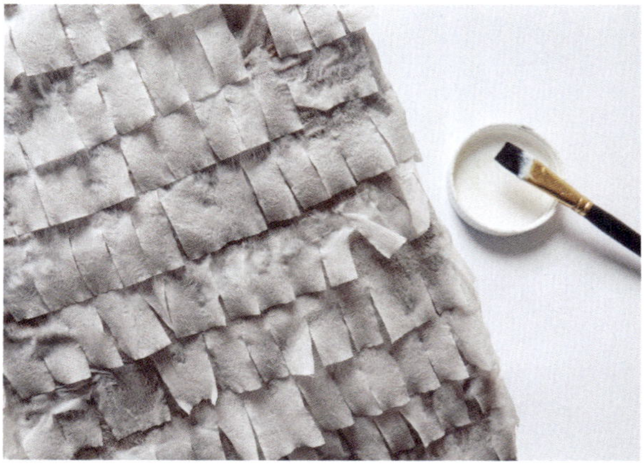

18. Puis des bandes blanches sur le dessous.

19. Dans la feuille de papier cartonnée bleue, dessinez 2 nageoires de 20 × 10 cm.

20. Découpez-les avec les ciseaux.

21. Collez-les de chaque côté de la piñata.

22. Dessinez des yeux.

23. Découpez-les avec les ciseaux.

24. Collez-les de chaque côté de la piñata.

25. Dessinez 2 bouches de 15 cm au feutre noir.

26. Découpez-les avec les ciseaux.

27. Collez-les de chaque côté de la piñata.

28. Dessinez 6 gouttes d'eau d'environ 5 cm de haut au crayon à papier.

29. Découpez-les avec les ciseaux.

30. Collez-les de chaque côté de la piñata.

31. Tracez des traits avec le feutre bleu sur le papier crépon bleu.

LE BUT DU JEU

▶ **Suspendez votre piñata à un arbre, par exemple. Pour récupérer les bonbons cachés à l'intérieur, votre enfant et ses amis, les yeux bandés ou pas, et munis d'un bâton, doivent taper dedans jusqu'à ce qu'elle s'ouvre !**

Activité 18. Des ailes de dragon

Rien de mieux que les déguisements pour se mettre dans la peau d'un personnage et faire preuve d'imagination !

LE MATÉRIEL

- **Un morceau de carton de 80 × 80 cm**
- **Du scratch**
- **Une règle**
- **Un cutter de précision**
- **Un pistolet à colle et ses recharges**
- **Une paire de ciseaux**
- **De la peinture La Pajarita, références : Waiting, Cancun et Crocus**
- **Un crayon à papier**
- **Un pinceau brosse**

PAS À PAS

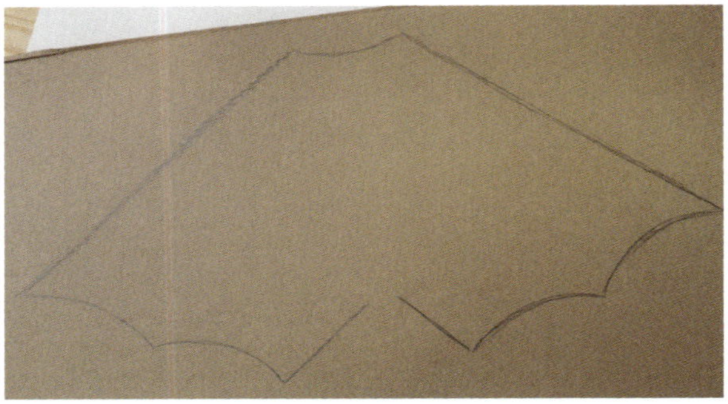

1. Dans le carton, dessinez au crayon à papier des ailes de 80 × 40 cm.

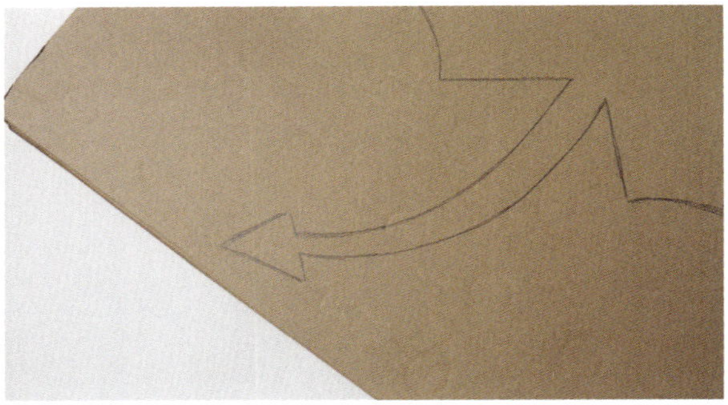

2. Terminez les ailes en dessinant une queue de 40 cm de longueur sur 8 cm de largeur.

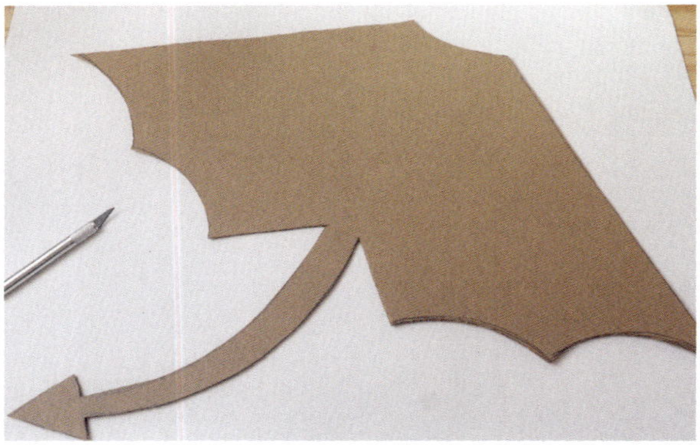

3. Découpez-les avec le cutter de précision.

4. Avec la peinture Waiting, peignez les ailes et la queue et laissez sécher.

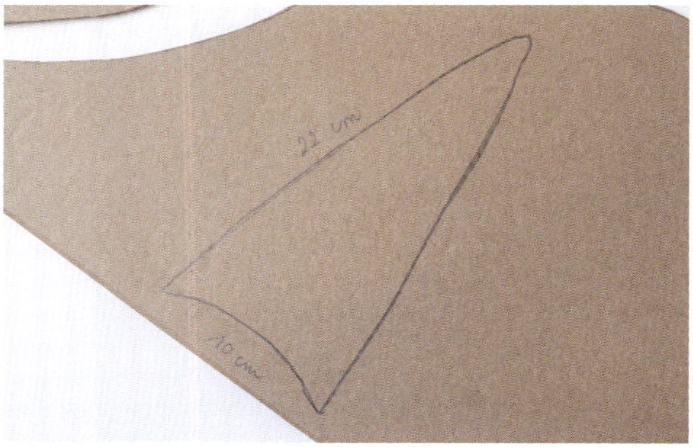

5. Dans les chutes de carton, dessinez un triangle de 10 × 22 cm.

6. Aux ciseaux ou au cutter de précision, découpez-le.

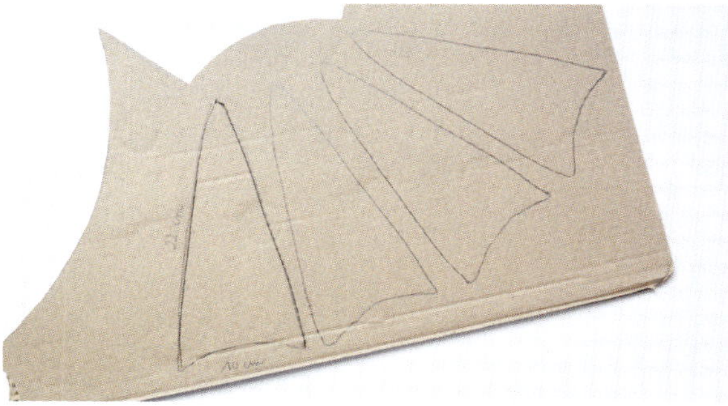

7. À l'aide de ce modèle, dessinez 3 autres triangles.

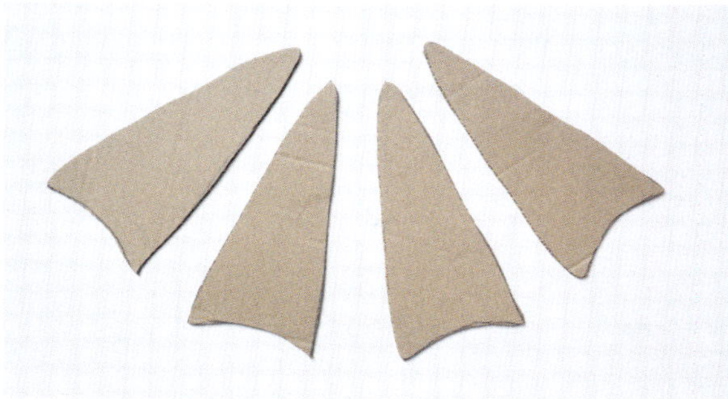

8. Découpez-les.

9. Peignez les triangles avec la peinture Cancun et laissez sécher.

10. Collez-les sur les ailes à l'aide du pistolet à colle.

11. Dans les chutes de carton, dessinez 6 petits triangles de 4 cm.

12. Découpez-les.

13. Peignez les triangles avec la peinture Crocus et laissez sécher.

14. Collez-les sur la queue pour faire des piquants.

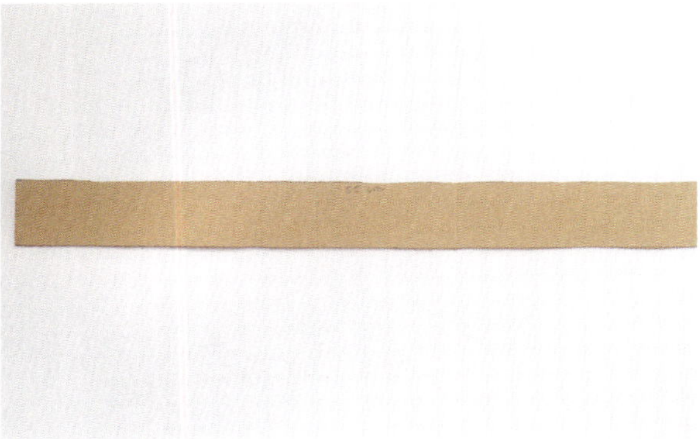

15. Découpez une bande de carton de 55 × 5 cm.

16. Découpez 2 morceaux de scratch : un dans la partie « crochet » (la plus piquante) et l'autre dans la partie « velours » (partie la plus douce).

17. Collez la bande de carton en diagonale au dos des ailes.

18. Coupez la bande au milieu.

19. Collez la partie du scratch « crochet » sur la bande de gauche.

20. Collez l'autre partie du scratch (« velours ») sur le côté droit.

LE BUT DU JEU

▶ **Votre enfant n'a plus qu'à enfiler ses ailes par la ceinture ainsi créée et à inventer de belles histoires de dragon gentil ou féroce, cracheur de feu !**

ACTIVITÉ 19. LE MASQUE DE CROCODILE

Cette activité propose à l'enfant de fabriquer un masque en carton crocodile pour se glisser dans la peau d'un des reptiles les plus fascinants !

LE MATÉRIEL

- **Du carton**
- **Une règle**
- **Un cutter de précision**
- **De la peinture La Pajarita, références : Vert verde et blanc**
- **Un feutre acrylique vert foncé pointe 2-3 mm**
- **2 pinceaux brosses de tailles différentes**
- **Un crayon à papier**
- **Un pistolet à colle et ses recharges**

PAS À PAS

1. Mesurez la largeur du visage de votre enfant.

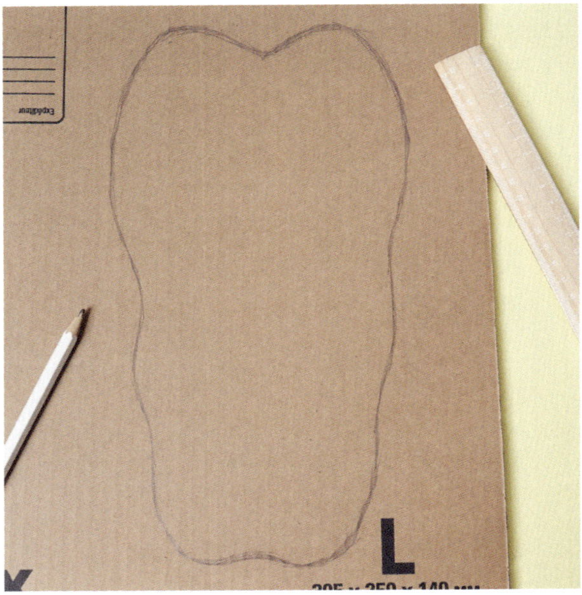

2. Dans le carton, dessinez au crayon à papier la tête du crocodile en fonction des mesures prises précédemment.

3. Découpez-la avec le cutter de précision.

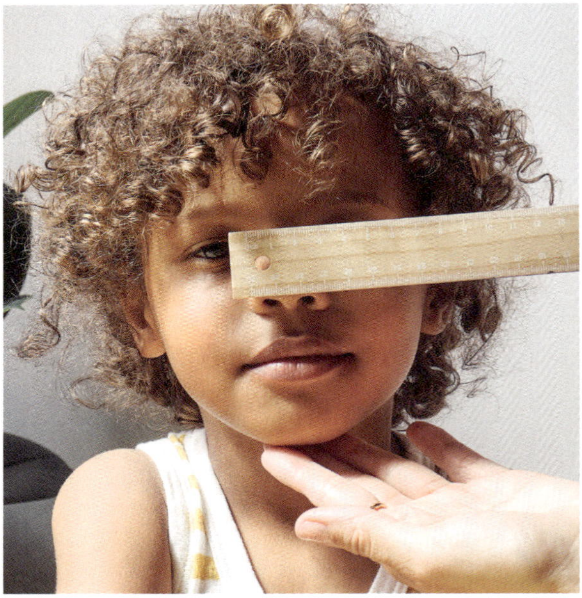

4. Mesurez ensuite l'espace entre les yeux de votre enfant.

5. Reportez ces mesures sur le crocodile.

6. Dessinez les yeux.

7. Découpez-les.

8. Peignez la tête avec la peinture Vert verde et laissez sécher.

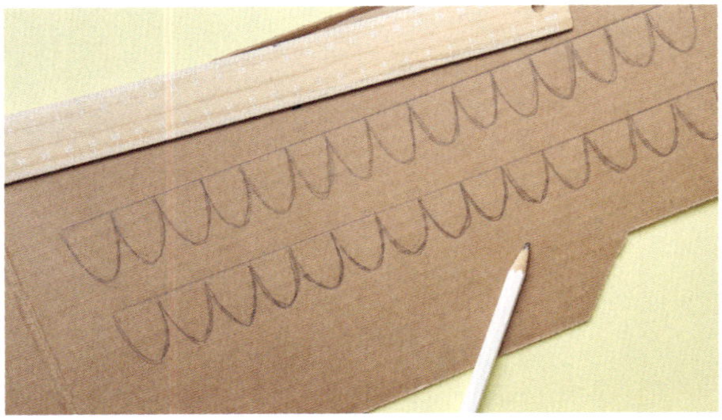

9. Dans une chute de carton, dessinez une trentaine de dents.

10. Découpez-les.

11. Peignez-les en blanc et laissez sécher.

12. Collez-les le long de la tête du crocodile, comme sur la photo.

13. Tracez une bande de carton à la mesure du tour de tête de votre enfant.

14. Découpez-la.

ASTUCE

▶ **Utilisez un mètre ruban pour mesurer le tour de tête de votre enfant.**

15. Formez un cercle avec la bande de carton et collez-le au dos du masque.

16. Dessinez les détails de la tête du crocodile au feutre vert.

LE BUT DU JEU

▶ Votre enfant n'a plus qu'à passer son masque de crocodile sur sa tête et à imaginer de belles aventures exotiques !

Wild
Dad

Activité 20. Une famille de Vikings

Se déguiser, oui ! Mais en famille, c'est beaucoup plus amusant !

LE MATÉRIEL

- **Un morceau de carton de 3 × 3 m**
- **Un bâton de bois de 20 cm**
- **De la ficelle**
- **Un pistolet à colle et ses recharges**
- **Une règle**
- **Un pinceau brosse**
- **Un cutter de précision**
- **Un compas**
- **Un crayon à papier**
- **De la peinture La Pajarita, références : blanc, gris et doré**

LE CASQUE DE VIKING

1. Dans le carton, découpez 3 bandes de 40 × 5 cm.

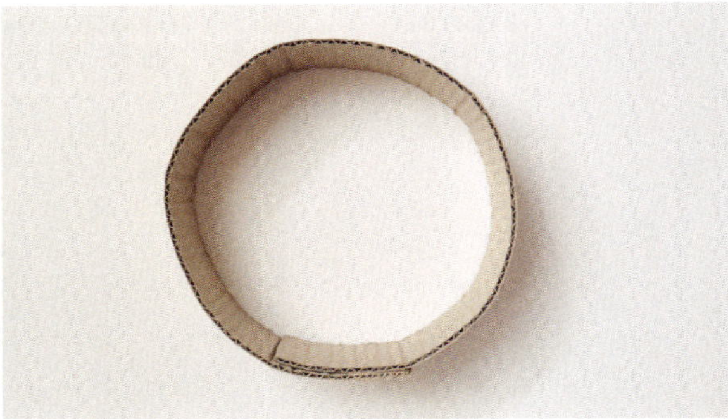

2. Formez un cercle avec une bande de carton à la mesure du tour de tête de votre enfant, puis collez-le.

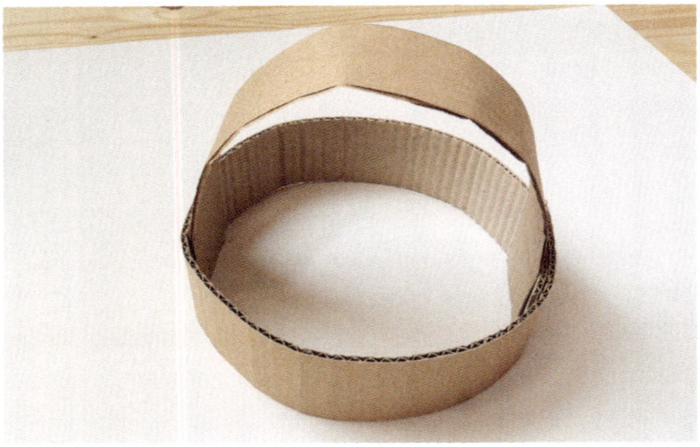

3. Collez une 2e bande à l'intérieur du cercle, comme sur la photo.

4. Collez la 3e bande à l'intérieur du cercle en formant une croix, comme sur la photo.

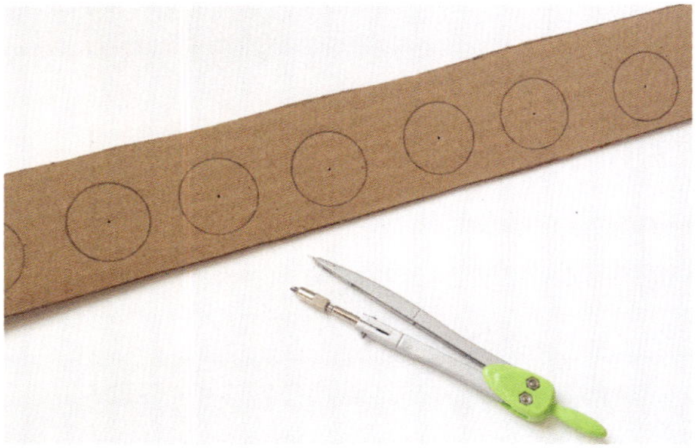

5. Avec le compas, tracez 9 cercles de 3,5 cm de diamètre dans du carton.

6. Découpez-les avec le cutter de précision.

PAS À PAS

7. Peignez-les en doré et laissez sécher.

8. Collez 5 cercles sur le dessus et 4 autour du cercle du bas.

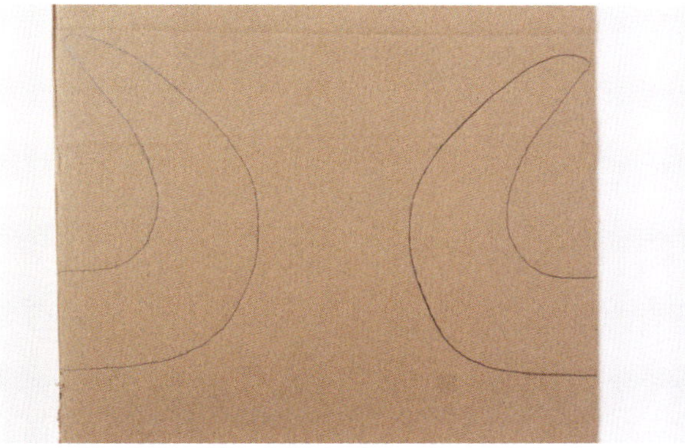

9. Dessinez 2 cornes de 18 cm.

10. Découpez-les.

11. Peignez-les en blanc et laissez sécher.

12. Collez-les de chaque côté du casque.

PAS À PAS

LE BOUCLIER

1. Dans le carton, tracez un cercle de 40 cm de diamètre.

2. Découpez-le.

3. Avec la peinture grise, peignez le tour du cercle sur une largeur de 5 cm et laissez sécher.

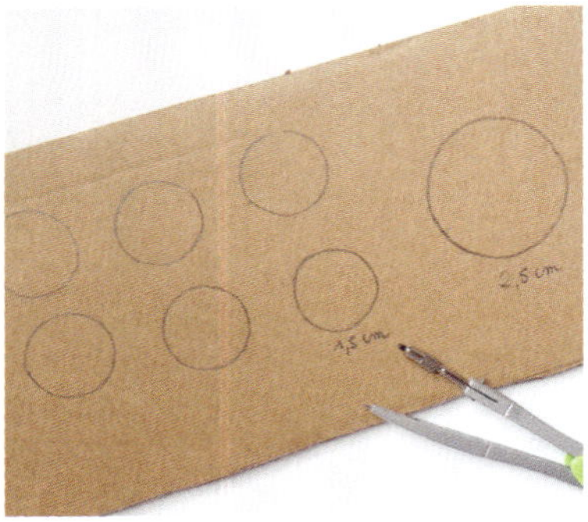

4. Dans les chutes de carton, tracez 6 cercles d'1,5 cm de diamètre et 1 cercle de 2,5 cm de diamètre.

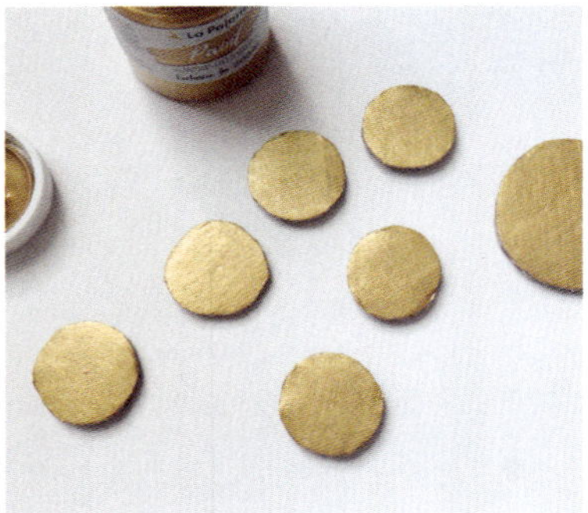

5. Découpez-les et peignez-les en doré et laissez sécher.

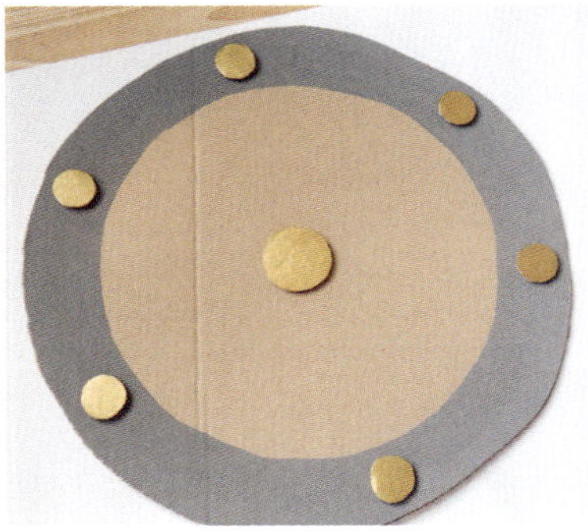

6. Collez les 6 petits cercles sur le tour gris du bouclier et le plus grand au centre.

7. Découpez une bande de carton de 40 × 5 cm.

8. Collez-la en arc de cercle au dos du bouclier.

LA HACHE

1. Dessinez 2 lames de hache.

2. Découpez-les.

3. Peignez-les en gris et laissez sécher.

4. Collez-les sur le bâton de bois.

5. Faites 5 tours en formant une croix avec la ficelle.

LE BUT DU JEU

▶ Votre enfant n'a plus qu'à enfiler son casque de Viking sur sa tête et à se munir de son bouclier et de sa hache pour jouer aux Vikings. Procédez de la même manière pour les autres membres de la famille !

Pour le carton

Dans vos supermarchés, hypermarchés et magasins de bricolage.

Pour le matériel essentiel

www.zodio.fr

www.cultura.fr

www.centrakor.com

www.action.fr

Pour la peinture

www.zodio.fr

Pour les figurines animales

www.schleich-s.com

www.papo-france.com

Cet ouvrage a été réalisé avec l'aimable participation de :

ZÔDIO

REMERCIEMENTS

Aux éditions CréaPassions pour leur confiance.

À mon éditrice Anne Kalicky – Comptoir éditorial, pour tous ses précieux conseils.

À mes enfants Eden et Liam, qui sont la source d'inspiration de ce livre.

À mon mari Alex, pour son soutien sans faille et son aide à la réalisation des activités.

À mon père, mon frère, ma sœur et ma belle-sœur, pour leur soutien.

À mes amis, pour leur motivation.

À mon partenaire Zodio, pour la peinture.

À mon petit monde sur Instagram, pour toutes les bonnes ondes et les encouragements.

Merci à tous !

DANS LA MÊME COLLECTION

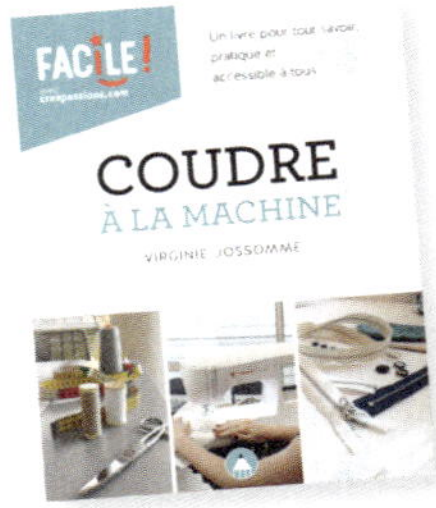

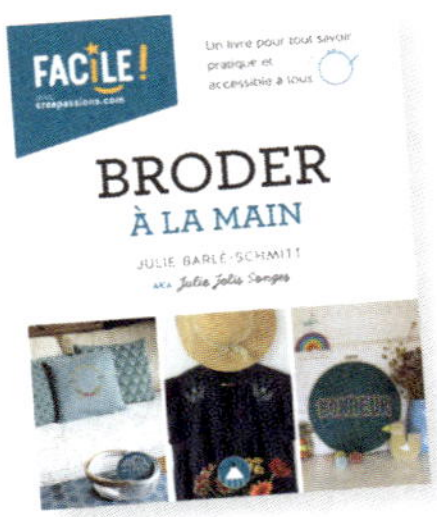

Abonnez-vous gratuitement à notre newsletter sur **creapassions.com** !

Découvrez l'ensemble des livres Créapassions en scannant le QR code.

Suivez-nous sur Facebook et Instagram.

Créapassions

Direction d'ouvrage : Anne Kalicky – Comptoir éditorial
Lecture et corrections : Clémentine Sanchez
Graphisme de la collection : Xavier Crauffon
Couverture et mise en pages : Alexandrine Bauville

PUBLICATIONS

www.v-publications.net

ISBN : 978-2-8141-0643-7
Dépôt légal : février 2022.
Imprimé en U.E.

FACILE !